诗心诗意

观十二位名师课堂 2

总主编 董一菲
本书主编 刘亚

西苑出版社
XIYUAN PUBLISHING HOUSE

图书在版编目（CIP）数据
诗心诗意观十二位名师课堂 . ② / 董一菲主编 . -- 北京 : 西苑出版社 , 2018.7
ISBN 978-7-5151-0694-6
Ⅰ . ① 诗… Ⅱ . ① 董… Ⅲ . ① 中学语文课—课堂教学—教学研究 Ⅳ . ① G633.302

中国版本图书馆 CIP 数据核字 (2018) 第 128923 号

诗心诗意观十二位名师课堂 ②

SHIXIN SHIYI GUAN SHIERWEI MINGSHI KETANG ②

出品人　赵　晖
责任编辑　康志刚　辛小雪
责任印制　陈爱华
责任校对　刘　娟
书装设计　徐慧芳
出版发行　西苑出版社
通讯地址　北京市朝阳区和平街 11 区 37 号楼　邮政编码　100013
电　　话　010-88636419　传　　真　010-84281520
E-mail　xiyuanpub@163.com
印　　刷　北京文昌阁彩色印刷有限责任公司
经　　销　全国新华书店
开　　本　841 × 1189 毫米　1/32
字　　数　166 千字
印　　张　10. 5
版　　次　2018 年 7 月第 1 版
印　　次　2018 年 7 月第 1 次印刷
书　　号　ISBN　978-7-5151-0694-6
定　　价　58. 00 元

目录

9　肖培东老师《美丽的颜色》课堂实录与研究

10　尤立增老师《胡同文化》课堂实录与研究

11　邓彤老师《宝玉挨打》课堂实录与研究

12　肖培东老师《好久不见》课堂实录与研究

曹勇军老师

《葡萄月令》

课堂实录与研究

《葡萄月令》课堂实录

【执教】江苏省南京市第十三中学　曹勇军

【上课时间】2012 年 3 月 31 日

【上课地点】江苏省靖江中学

课前出示 PPT（《葡萄月令》　汪曾祺）

扈志强悟课：课件使得教学活动得到了很好的辅助，然而，并非课件做得越复杂越好，这要看授课的内容需要。现在，在课件的使用上，趋向于越来越详细。其实，语文课堂应该是思考的课堂，文学本身也是含蓄的，具有启发性的。曹老师的这种做法就很好，简简单单，只一句就点出这节课的关键所在。课上所有的内容都是由学生生成，而非教师给出。

闫曼悟课：PPT 方便快捷，在某种程度上可以更好地促进教学，但过多使用 PPT 会使课堂过于豪华，分散学生的注意力，而曹老师的课堂只有一张 PPT，简单又朴素，既能有效地辅助教学，又能集中学生的注意力。

师：同学们好！

生：老师好！

师：今天带来一本书，汪曾祺先生的一本书，散文集《蒲桥集》。今天和靖江中学高二（3）班的同学们一起来学习选自这本书的代表作《葡萄月令》。

张萍悟课：曹老师开课，就带汪曾祺先生的《蒲桥集》入课。我很欣赏这一起课方式。宏观起课，有视界定位。第一，激起学生学习文本的兴趣；第二，把学生的学习视界放在广阔的作品背景中去。汪曾祺的《蒲桥集》定位于写凡人小事，目的在于帮助人们发现自己的“凡人小事”之美。强调美在身边，美在本分。这正适应了中国读者文化心态和期待视野的调整。因此，这样起课，可以带领学生从宏观上，总体把握汪曾祺散文的精神气质和艺术神韵。

师：课前我请同学们每个人用一句话写出读过此文的感受，大家写得都很精彩，有一个同学的一句话给我留下特别深刻的印象，他说“这是一首朴素到了极点的田园诗”，我觉得这话讲得别致。

扈志强悟课：语文重在阅读，曹老师就是特别注重阅读的人。2013年，他在高二年级组织了“经典夜读小组”，坚持义务指导学有余力的学生们夜读，一年一期，一期20次，读15本文学经典。正是他的这种坚持，他在课堂上润物细无声的熏陶，才让学生爱上了读书，解决了学生阅读上的难题。

张萍悟课：曹老师从学生众多的感受中选出“这是一首朴素到极点的田园诗”这句话，而且评价极为别致。微观入课，有学情定位。课堂教学是一种师生双边参与的动态变化过程。在课堂上，每个学生都是一个生动的独立个体，他们是主动求知、积极探索的主体。教师是这个变化过程的设计者、组织者、引导者，是为学生服务的。曹老师是借班上课，他关注学情，分析学生学习的起始能力，全面考虑学生学习的需求。这样的入课，能调动学生的学习兴趣，能辅助、激发、促进学生走进文本的视界。

师：对《葡萄月令》，课前我们也作了预习，下面我想请同学们看“月令”，依据我们阅读以后的体会、认识、理解，说一说“月令”包括什么内容？

扈志强悟课：研讨“月令”的内涵，一方面解题，让学生明白本文写的是农事活动；另一方面也为后面有关文章写法的探究埋下伏笔。

（学生思考）

男生 1：我觉得月令就应该是一种时令，是植物按照季节生长的标记。

师：旁边的同学有没有补充的？

男生 2：在本文中，我们可以认为是葡萄每个月生长发育的情况。

师：葡萄每个月生长的状况（板书：葡萄），还有没有了？

男生 3：劳动者农事的劳作时节。

师：劳动者农事的劳作（板书：农事），还有没有了？

师：没有了？大家看一看 1 月份，1 月份怎么啦？下大雪了（师生齐答）。2 月份呢？刮春风（师生齐答）。文中虽然写天气的内容不是很多，但他又每每点到天气，以月份逐月地写到天气，附带着写天气，写出葡萄的生长以及葡萄种植的农事劳作。“月令”其实是古代的《礼记》里的一部分，汪先生对它非常喜欢，觉得在这种特别时空框架里，很能反映中国人在大自然里生命的过程和角色，像诗一样美丽无比。所以，他的这篇文章就叫《葡萄月令》。

张萍悟课：对于“月令”的理解，曹老师从三个维度引导学生层层深入。维度拓展，有立体定位。首先，让学生谈谈自己对“月令”理解，可以说是感性的触摸；其次，从课文中让学生找出文本对“月令”的解答，可以说是理性的认知；最后，从《礼记·月令》这本儒家经典中寻找到对“月令”最精确、最美丽的描写，可以说是知性的概述。从感性触摸到理性认知再到知性概述，步步为营，从农事讲到辛劳人的喜悦，再谈到背后作者豁达的情怀，使得文章具有立体感、

厚重感、主题感。这样，既能层层扣住学生的质疑，又能和学生一起在课堂品味汉语的韵味；不仅教会了学生品读此类散文的方法，更重要的是教会了学生一种思维的方式。

师：课前读过 12 个月份，喜欢哪几个月？

生（齐）：八月份、四月份、五月份、九月份。

师：其实三月份也很好。文章比较长，我们这节课只能选择其中一部分学习，我们确定选择三月份、五月份，还有八月份来学习。

扈志强悟课：长文短教，该怎么教？尤其是教什么的目标确定，是成败的关键。曹老师选的这三个月份能够将汪曾祺先生文章的语言韵味大致体现出来，又恰恰体现本文写法上似断实连的特征。

师：有人说，汪先生的文章不是用眼睛看的，要靠嘴巴来读。读才能读出他文章独特的韵味。我们先来看三月，请一个男生朗读。

（请同学推荐朗读较好的一位男生）

男生："三月，葡萄上架……小葡萄，一桶也就够了。"

师：读得怎么样？

（学生鼓掌）

师：读得很不错，声音很洪亮，语气的安排、节奏各方面也还可以，但也有不足。我们一起来看"请葡萄上架"那一节，我发现刚才同学在读时"起！一起！"这个处理得很好。前面一个"起"，是个口语吧？"起"是一个号令，后面"起"是大家一起打的号子，一起把这个老藤从地里扛起来，"起（师范读），起，它起来了，唉！它起来了！"这是一种非常欣喜的语气。这个地方他读的时候没有把这个效果通过声音传达出来。还有那个"伸开"，"把枝条向三面伸开"，这个"伸开"重复了三次，应该有变化（师范读），趴了一冬的老藤啊，这个时候舒舒服服，凉凉快快地就在那里待着，读的时候要把口语的特点、色彩尤其是那种劳动之后的喜悦通过声音传达出来。来，我们全班一起试一试啊。

师生（齐读）："然后，请葡萄上架……待着。"

师：很好，大家体会这样的文字，一读之后，文章里那种情味就触手可及。来，我们看五月。

（请同学推荐朗读较好的一位女生）

女生：“五月，浇水，喷药，打梢，掐须……很快，就结出绿豆大的葡萄粒。”

（学生鼓掌）

师：好，坐下。我请一个同学评价一下她刚才的朗读。

女生1：我觉得她读出了葡萄的生机，特别是葡萄嗜水，生长茂盛，农家人对绞葡萄那种欣喜，读得自然，就像是农家人自己在掐一样，果树开花的那部分，好像是她亲眼所见，很抒情。

师：好，请坐。刚才同学们读出了那种情味，不过你刚才讲得呢，（好像）有一点她读得好得不得了，实际上还可以精益求精。刚才讲到果花开花的那一部分，她读得特别有感情，特别抒情，这很好，前面的第一节、第二节、第三节都很好。不过比较而言，我觉得，葡萄“抽条”和“卷须”两节有些口语的地方，有一些短句的地方，没有比较好地把它的效果传递出来。我们一起来看一下。

师生：（同看“抽条”一节，提醒学生注意“瞎长”“结不结果”“噼噼啪啪”“绞”等口语的处理）师范读。

师生：（再同看“卷须”一节，哪个地方要特别注意？“长

出来就给它掐了”重复两遍，为什么？学生答：有点调皮，像个孩子，种葡萄人的勤劳）

师生齐读：（“抽条”“卷须”两节）

师：一起来看八月，来全班一起读。

师生齐读：（提醒学生酝酿一下，调整好情绪）“八月，葡萄‘着色’……去吧，葡萄，让人们吃去吧！”

师：读得很好！在其他两个月的大家互相帮扶之中，我们现在处理这个“八月”就很好，要讲不足呢，就是在文字背后那种喜悦和快乐的情感还可以再充分一点。（提醒学生课后再读一读）

师：读完了这几节文字，我们发现汪先生的语言真好。他曾经讲过：好的语言就像揉面，要软熟，要筋道，有劲儿，像流水一样顺畅，读起来特别顺，读起来有一种我们汉语特有的节奏之美，甚至有一种天籁之音。

扈志强悟课：语文课堂是最应该充满琅琅读书声的课堂。曹老师让学生进行朗读，不是敷衍，不是做样子。你看他先让男生读，再让女生读，最后齐读。变着花样地让学生爱上阅读，享受阅读的过程。他还对学生进行恰当的评点，优点赞扬不吝啬，缺点指出不迟疑。在指出学生不足之后，能自己示范朗读，难能可贵。很多老师上课自己不敢朗读，而是采用放录音的形式。老师自己不敢示范，势必会影响其理论指导的可信度。而放的录音未必就完全合适，甚至还有的录音存在错读的情况，对学生也是一种误导。因此，提倡学生张开口的同时，自己也要勇于开口。

师：这样一种像流水一样叮叮当当的流畅的节奏之美，是怎么造成的呢？

女生 2：文章有很多口语，读起来像家常话一样，让人感到非常亲切。而且，作者是从果农的角色来写这篇文章的，有丰收的喜悦和期待，语言非常自然、亲切。（板书：口语化）

师：讲得很好！口语的使用使文章特别的活泼、俏皮，使文章具备了生活中那种喜悦的感觉。我们刚才读的时候用着重的办法分享了他的这种喜悦。大家可以分享一下，还有没有其他方法啦？

男生 3：作者本身就经常接触劳动人民，对葡萄的种植非常了解。

男生 4：我觉得，刚才同学说“接触”还是不够的，作者肯定亲身体验过种葡萄的各个过程，所以才能把这些细节描写真实，让读者觉得仿佛在亲身经历。我们在写文章的时候，只有把自己亲身经历的东西写出来才能自然流畅。

师：这位同学回答得对。作者亲身经历才能写出自然流畅的作品。刚才曹老师提的问题是：为什么这里语言读起来有像流水一般的叮叮当当的节奏之美？再听听其他同学的意见。

（学生互相启发，总结）

生：采用了许多短语，没有过多的修饰语，不累赘，读起来琅琅上口。

师：短语很多，短语很有味儿，不啰唆，简洁明快，琅琅上口，一气呵成。能不能举一些例子？

女生 3：如八月份，在第二节里面“不是的”三个字，没有像其他大家一样用很多华丽的修饰词，但他照样能达到传情达意的效果，而且让读者感觉特别自然。

师：刚才同学说到短语句，并举出了例子，短语句表达简洁、明快，能表达特别的效果。大家再体会一下“五月”。（师生共同品析“浇水，喷药，打梢，掐须”四句。一方面说明农事繁忙，另一方面，也说明自己在这种繁忙的季节之

中有一种喜悦感）

师：这种短句特别有味道，作者特别喜欢用句号，有时两三个字就用句号，很多地方就如同没有分行的诗歌。作者很少用关联词，能不用就尽量不用。这样的语言就特别简洁，特别干净，有特殊的韵味。

师：汪先生曾经讲过：文章之妙，往往在字里行间。常常文字要有似断实连的效果。（板书：似断实连）让我们一起来体会一下。

（老师出示学生课前预习提出的问题）

师：在五月份讲到苹果花开花了，梨花开花了，葡萄也开花了，写着写着就写到苹果花、梨花上去了。有同学就问这里为什么写苹果花与梨花？

（同学互相启发）

男生5：写苹果花、梨花是为了给葡萄花一个大的背景，是一种衬托，衬托果园的繁忙，衬托葡萄花的生机。

师：你说是衬托葡萄花的生机勃勃，再请旁边的同学说一说。

男生6：看到葡萄花是因为葡萄花小而梨花、苹果花大。用看得见的，有视觉冲击力的衬托小小的不易看见的小葡萄花。

（老师点拨）

师：想象中，我们仿佛看见了葡萄开花的景象。大家同意不同意？

女生4：同意。我还认为，这是为了与葡萄花的淡黄进行对比。

师：还有对比在里头，很好。

师：现在回到老师的问题上来，作者本来是写葡萄花，写着写着又写到了苹果花、梨花，是不是断了？可最后又用衬托、对比手法把它连上了。文章就是这样一种似断实连，字里行间含有一种诗意的表达效果。这种语言有一种流水的感觉，不是那种很呆板地一句接一句。另外，这里还有一个例子，也是大家在阅读时发现的。在“七月”那个部分。“七月份”中有一句：“汉朝是不会有追这次肥的，汉朝没有硫铵。”很多同学都提出来，这句话是什么意思？

师：请同学们商量一下，你怎么理解的，然后回答。

闫曼悟课：要读懂一个人的文章，首先要了解这个人，曹老师在讲这篇文章时多次提到汪曾祺这个人以及他的一些

生活经历与生活趣事，这样的插入不仅是合理的，更是巧妙的，这样学生更容易理解他的这篇文章的语言特色。这是一种知人论世的方法。与此同时，他也在潜移默化地教给了学生一种写作技巧：如果在写作中出现了内容重复重叠现象，我们也可以学习汪曾祺先生重复内容时加入一个联想或一个幽默调侃把文章的重叠内容写得笔笔不同。

女生5：我觉得这就跟古代有了联系，说明古代也是有葡萄的，但当时的技术没有现在先进，产量也不会很高，而现在技术先进产量高了，更能体现果农的喜悦。

女生6：我认为，汪先生首先是一位热爱劳动的人，他写硫铵是为了写对劳动技术的赞美和喜悦。

师：写科技，喜悦、赞美都不错，但这好像是一个套话，套上去的。如果拿套话来表达我们的阅读理解啊，它很省劲，也往往不是我们阅读的成果。哪位同学有自己的思考，请回答。

男生7：这句话有一种调节剂的感觉，因为本文从上到下都是以葡萄为主线的，加一个汉朝就有一种调味的感觉了。又多了一个味道，向古代延伸过去了。

师：向古代延伸出去了，似乎有点联想，还有吗？

男生8：写汉朝是与今朝对比，突出硫铵的作用。

师：其实，你的观点是在前面同学的基础上进一步强调。我更欣赏刚才那位同学的观点。这是一个联想，是一个带有调侃幽默味的联想。为什么要想到汉朝呢？因为，葡萄就是汉代从西域传进来的，是吧？他为什么不想到唐代、清代呢？理解上允许多元。你有一个苹果，我有一个苹果，大家交换还是一个苹果；你有一个理解，一个思想，我有一个理解，一个思想，一交换就有两个以上的理解和思想，就有一种立体的理解。

师：我觉得，刚才两位同学讲得都有道理，这句话也许没有我们想象得那样有深意，它也许就是一个幽默调侃。我甚至想起了汪先生有一次接受别人的采访，有人问："你写的一篇文章在结尾和开头都有这么一句，你是不是首尾呼应呀？是不是卒章显志呀？"汪先生回答得非常好玩，他说："不是的，我就是非常喜欢这句话，一不小心又写了一遍。"可见，作者写了这句话以后——大家注意到五月、六月、七月讲的内容是有些重复的。有重叠之处，讲的都是浇水、喷药、打梢、掐须。在五月就讲，六月还讲，到了七月，你觉得它还好写吗？不好写了，是不是？怎么能写得笔笔不同呢？到了“七月”写上这一笔“汉朝是不会有这次追肥的，汉朝没有硫铵”时味就出来了。看上去，这句话好像是断了，似断，其实呢，它是连着的，还是在讲葡萄。正是有这样写作上的特色，这些特色读起来有一种流水一样的节奏之美。

师：文章叫《葡萄月令》，大家做个试验，把“月令”两字去掉，只保留“葡萄”，哪几个月份不要写了？

生（齐）：一月不要了，十二月不要了，十月也可以去掉，七月也可以不写。

师：但你仔细看，其实这几个段落写得很好。有一种充满深情厚意看着自己孩子的感觉。

师：接下来，我们要思考一个大问题了，这个问题也是我们班同学提出来的：文章用“月令”的形式写了 12 个月，总感觉像流水账一样，这样的一种写法，好在哪里？

（师生共同思考、讨论，3 个同学一组讨论，3 分钟后，请每组推荐一位代表发言）

男生 9：我想从两个方面来讲，一是彩珠串线的形式，如果不用月令，会给人一种流水账的感觉。二是从组成来看，“好的文章要像树一样自然”（PPT 语）。汪先生写文章像一位年长的朋友与你亲切谈话一样，谈话是要有次序的，所以要从一月到十二月，一段一段地，这样就有条理、结构清晰，又给你一种自然、愉快的感觉。

女生7：用“月份”的方法来写，给我的感觉是非常有条理。也可以看出汪先生对葡萄的热爱，就像父母对孩子一样，就像孩子的成长记录一样，爱就体现出来了。感觉自然、和谐。（师表赞同）

女生8：按月来写有利于写出葡萄生长的细节，可以写出它成长的不一样来。

女生9：我觉得，他把每个月份的不同特点表现得特别好。能把握每个月份葡萄生长的不同特点，不空洞。

师：刚才几位同学都提到一点，作者用“月令”这种形式能把我们平时看似散漫的生活条理化。况且，一个在农村生活的人，一年四季，农村生活是以月令形式展示出来的，所以，它是非常完整地表现了我们原生态生活的过程，非常完整地写出了我们生命的过程。

师：刚才，很多同学都讲到葡萄的特点一个月一个月写出来了，是的。除此而外，我们也看了葡萄背后是一个生命的成长过程。你看，后面有一个人满含深情地在那里注视着葡萄，他在那里劳作，他在那里辛劳，劳作辛劳之后又喜悦满足地看着葡萄，“月令”就这样很好地把过程表现出来了。你再看，有的段落长，有的段落短，就像树一样很自然，因为生活就是这样的，有的月份繁忙，有的月份清闲。

闫曼悟课：曹老师在这个环节的开始说作者采用这种月令的形式使这篇文章看起来像流水账一般，之后又让学生讨论采用这种月令形式的好处是什么，最终得出结论：月令这种写作形式非常完整地表现了我们原生态生活的过程，非常完整地写出了我们生命的过程。它写出了生活最本真的状态，即有的月份繁忙，有的月份清闲。这是一种欲扬先抑的教学方法，值得学习借鉴。

师：初看文章似乎就是讲种葡萄，再仔细一看，写的是作者种葡萄的辛劳，辛劳之后的喜悦和满足。（板书：喜悦，满足）这篇文章的写作背景是汪先生 1959 年受“反右”政治运动的牵联，被打成“右派”下放到农村，于是他有了一段农村劳作的经历。多少年以后，回过头来，他写了这篇《葡萄月令》。政治上受到牵联、排斥，应该说是他人生的坎坷和不幸，一般人写文章大概是牢骚满腹，可我们看这篇文章里却一点牢骚也没有。一点没有！大家看作者是怎么面对自己人生困境的?

男生 10：我认为，作者抱着一种平和的心态，因为他觉得在劳动中可以创造美，他在劳动中也发现了美，作者即使被下放了，但他还是抱着对生活一种享受的态度。

师：在劳动中发现美、创造美，其实劳动还有一个非常重要的作用，医治自己心灵的创伤，它是一味解药。他可以通过一种对自然的审美，最后自己从人生的困苦中解脱出来，所以他满心喜悦地看着像孩子一样的他的葡萄，写出了他生活的经历。

师：其实，说穿了作者是一种乐观的、豁达的心态（板书：乐观豁达）。作者用这样一种从传统里汲取出来的豁达、乐观知足的心态面对人生的苦难，人生的坎坷。

师：很多同学课前都提到，这篇文章到底写什么？其实，大家问的是这篇文章到底有什么深意？乍一看他写的是田园诗，田园牧歌，仔细一看是写劳动的快乐，劳动的满足、幸福，再仔细一看，联系作者的时代背景，可以看出来，是什么?是一种品格，是一种胸襟。到此，我们就由这篇文章读出了

这个“人”，又由这个“文”读出了文章里表现出来的作者品格。（板书：由文及人，由文及品）

闫曼悟课：曹老师从学生们对这篇文章的最初认识（这是一首极其朴素的田园诗）开始，分析它的语言特色，写作特色，引导学生明白这是一种劳动的快乐、满足、幸福，继而联系作者的生活经历得出这篇文章写的是作者的一种品格与胸襟。由浅入深，循序渐进，让学生明白这篇文章到底写的是什么。

师：回过头来看，我们可以读懂这一类文章。课后，我介绍给大家汪曾祺的另外一篇散文《果园杂记》，大家可以用老师今天介绍的这个方法“由文及人，由人及品”，读一下此文。推荐大家读的一个片段叫“涂白”，看看用老师的这个方法能不能读好。

师：曹老师最喜欢的一个读书方式：既要一篇一篇地读，更要成片，一片一片地读，由此及彼，几篇文章一起读，这样我们读下来后，就可以知一篇通一类，读后就可以有好的见地发表。请大家课后阅读。

师：读完《葡萄月令》一文，是不是可以说我们对散文的认识、理解稍微深刻一点了，曹老师借用古文里面平常说的话叫“散文，名散，字文，号性情”，而这种胸襟、气度，就是这篇文章读过后给我们的深层次的启示，精美之处。

张萍悟课：“散文，名散，字文，号性情”，用这样平常的话来结课，我不禁拍案叫绝！像极了中国画的白描，清简！这种隐含着“顿悟”的教学方式，是洗尽铅华、删剪枝蔓，呈现“白水明田外，碧峰出山后”的美丽。福楼拜曾经对风格有个精辟的定义：“风格是思想的血液。”别林斯基也有类似的观点，他说“风格是思想的浮雕”。由此想到，曹老师教学风格的背后应是思想的浮雕。因此，清简不仅是一种方式，更重要的是一种“大道至简”思想的具体体现。

师：到此为止我就和大家一起把这篇文章读完了。语文学习啊，其实是从打了下课铃才开始的。课堂上学的东西是很有限的，课堂不过是做一些商量、讨论。今天我们就做了一个商量、讨论，大家表现得非常好，曹老师非常满意，下

了课，希望同学们把汪先生的文章找来读一读。（板书：散文，名散，字文，号性情）

闫曼悟课：散文，名散，字文，号性情——这是曹老师对散文的认识。我们从汪曾祺的这篇散文中也仿佛看见了作者的真性情——在困境中依然积极乐观，依然热爱生活。这也让我们明白了原来世界上有这样一种人用这样一双眼睛这样看待生活，看待世界。

师：下课。同学们再见！

生（齐）：老师再见！（掌声）

师：谢谢大家！

名师简介

曹勇军，南京市第十三中学语文教师，江苏省特级教师，江苏省首批教授级高级教师。曾荣获江苏省先进工作者、江苏省优秀教育工作者、南京市劳动模范等荣誉称号。主持“江苏省语文学习课程基地”的建设，开发出“月光诗会”等系列语文校本课程。发表论文100余篇。编写《语文，我和你的故事》《曹勇军和他的语文理想国》《语文的表情和眼光》等论著十余部。

散文散讲，功力深蕴

教书十余年，越来越觉得一堂好课就像一篇好文章。曹勇军老师的这堂《葡萄月令》就宛如一篇好文章。叶乃芳认为：写文章与课堂教学有着内在的联系和艺术的相似，语文教师要利用专业特长，发掘智慧资源，尽快适应课堂教学，提高课堂教学水平。

语文课与写作有很多相似之处，如写作需要构思，语文课需要构想；写作需要材料支撑，语文课需要内容填补；写作要列提纲，语文课要备课；写作需要有一个中心，围绕中心展开论述，语文课每节也需要一个重点，围绕重点展开讲解；写作需要起承转合，语文课也应该有开端、发展、高潮、结局；写作要有文采，语文课也应该语言优美；写作要表达作者意图，给人以启发，语文课也应该充满激情，有教育意义。凡此种种，如果把一节语文课上成一篇文章，这样的语文课应该是一堂好课了。

曹老师讲的是汪曾祺先生的散文，而他的这节课也像一篇散文一样，形散神聚，功力深蕴。

先说形散神聚。我们知道这是散文的特点。散文，散文，散在形式上。内容驳杂，不拘一格，但必须有一个中心，材料虽繁，却必须皆为中心服务。这个中心就是散文的性情之所在。曹老师自己也说：散文，名散，字文，号性情。《葡萄月令》这篇文章看似流水账，从一月一直写到十二月，形式是够散的。在曹老师看来，却自有其性情所在。（汪曾祺先生的）这种胸襟，气度，就是这篇文章读过后给我们的深层次的启示，精美之处。

散文如此，课亦如此。曹老师的课堂内容非常充实，有时间和空间的跨越，有历史和人文的碰撞，有听、说、读、写，内容不可谓不丰，也不可谓不散。然而，他总能提纲挈领，一以贯之。他打在PPT上的一句话便是贯穿课堂的线索：好的文章要像树一样自然。这种做法的目的不言而明：那就是把握住整堂课的中心。无论怎么讲，无论讲什么，最终都离不开这句话，整堂课必须为这个中心服务。

再说材料的准备。一篇好的文章，需要大量的材料作为支撑。从一定意义上讲，一堂好课也是在检验上课教师占有材料的多少。程少堂老师在讲《锦瑟》的时候，竟然参考了52本书。而曹老师讲《葡萄月令》这节课也准备了大量的材料。比如，他解释“月令”时说：“月令”其实是古代《礼记》里的一部分，汪先生对它非常喜欢，觉得在这种特别时空框架里，特别能反映中国人在大自然里生命的过程和角色，像诗一样美丽无比，所以他的这篇文章就叫《葡萄月令》。在这里，曹老师肯定查阅了很多资料，比如“月令”的内容，汪先生的生平爱好。否则，他怎么会知道汪先生对这本书非常喜欢呢？

我们在上一节课前，是否也像曹老师一样精心准备呢？兵马未动，粮草先行。备课的过程其实就是准备粮草的过程。不打无准备之仗，同样，不上无准备之课，或者说准备不太好的课也不要上。这就需要我们教师一定要做好课前准备。精心策划、思考，才能在课堂上游刃有余。

类似的还有多处，如曹老师在课堂上随口就能说出汪先生对写作的一些心得。这些话像是随口一说，其实背后都是搜集占有资料的辛苦。当然，他占有的资料，还不仅仅于此。他在上课前就让学生写好了针对课文的问题，既启发了学生思考，又能有的放矢，合理安排授课内容。这就像写一篇文章一样，无论什么样的文章，都有一定的读者。高明的作者一定了解这篇文章针对的读者是谁，他们有什么样的问题，这样才好下笔，文脉也才能流畅。曹老师的课如此流畅自然，不能不说原因之一就是课前的充分准备。

还有结构的问题。陶宗仪《南村辍耕录》卷八云："作今乐府法乔孟符，博学多能，以乐府称。尝云'作乐府亦有法，曰凤头猪肚豹尾六字是也。'大概起要美丽，中要浩荡，结要响亮。尤贵在首尾贯穿，意思清新。苟能若是，斯可以言乐府矣。"文章需要有一个好的结构作为骨架，"凤头猪肚豹尾"是传统写作的不二法门。但古人又说文无定法。但无论如何，一篇文章都要有一个清晰的结构才能让读者读得下去，读得舒服。而一节好的语文课也需要像文章那样有开端、发展、高潮和结局。

纵观曹老师《葡萄月令》一课，可以称得上在结构安排上的典范之作。如陶宗仪所述，作文需"凤头、猪肚、豹尾"。凤头者，美丽而小巧。作文如此，上课亦是如此。曹老师是这样导课的："今天带来一本书，汪曾祺先生的一本书，散文集《蒲桥集》。今天和靖江中学高二（3）班的同学们一起来学习选自这本书的代表作《葡萄月令》。"就这样简简单单，不过50余字，一点不拖泥带水。课堂以一本散文集开始，课上讲的恰是散文的特点：似断实连。既引入主题，又能吸引学生的学习兴趣，可谓一箭双雕。

一篇散文，从一月一直写到十二月，写起来不容易，讲起来也难。而曹老师扣住了散文的韵味，或者是写作技巧这一关键点，合理地安排了课堂的详略，使得看起来繁复的文章变得简单，难理的丝线变得有条理。十二月，他并不是每个月都讲，而是有主次，有详略。他选取了三月、五月、八月三个月来讲。这三个月能够很好地体现这篇散文似断实连的特点，而且这三个月在课文中并不相连，看似不相连，实际都有联系，也暗合了课堂的研究主题。这样，既有代表性，又有说服力。这就是"猪肚"，也就是陶宗仪所说的"中要浩荡"吧。这种浩荡，一当然是内容丰富，二还要有详略主次。只有这样，才能真正"浩荡"起来。"文似看山不喜平"，不平才能浩荡。细看课堂的主题部分，三段内容，学生读了三次，三次的读法各不相同。第一次，男生读；第二次，女生读；第三次，齐读。这就是变化，有变化才能浩荡。

再看结尾。文章的结尾，要收束有力，就如同豹尾一样，也就是陶宗仪所讲的“结要响亮”。响亮并非是空喊口号，而是确实有影响力。对文章而言，要对读者产生冲击力，激发读者思考，让人回味无穷。而对一堂课，也应该有类似的效果。曹老师最后又讲到读书的方法，引导学生在课外阅读大量的散文作品来充实提高自己。这样，一篇文章以散文开始，又以散文结束。首尾圆合，恰似一篇精美的散文，令人百读不厌。

一篇文章要有用，写出来后要对人有教育意义。其实，语文课堂又何尝不是呢，附着在语文课堂上的德育内容应该是很多的。语文教师不仅有教书的责任，更有育人的责任，不仅让学生走正道，还应该让他们学会独立思考。曹老师提了一个问题：“七月份”中有句：“汉朝是不会有追这次肥的，汉朝没有硫铵。”很多同学都提出来，这句话是什么意思？同学们七嘴八舌，说的都是套话。他这时候提示，一定要自己独立的思考。

有些老师看到学生回答不上问题，就急于公布答案，久而久之就会让学生丧失独立思考的能力，语文课也就变成了老师讲、学生记的死板课堂，这样对学生的终身发展是有害无益的。而曹老师不悱不发，慢慢引导，让学生自悟。可以想见，假以时日，同学们都会勤于思考，乐于思考了。他也不止于讲课文，而是引导学生思考更深刻的人生问题。“由文及人，由人及品”，读书要读到书背后作者的思想品格，以启迪我们自己的人生。

总之，散文散讲。讲一堂课如同写一篇文。好的文章像树一样自然，好的课堂也应该像树一样自然。

本文作者：扈志强

《葡萄月令》故事录

第一次读曹勇军老师的文章是《教育，我和你们的故事》。他引用清华大学老校长梅贻琦的名言：“所谓大学者，非谓有大楼之谓也，有大师之谓也。”而仿造的这个句式：“所谓大校者，非为有大树之谓也，有师生故事之谓也。”是不是也应是我们应有的品质？又或者，“所谓名校者，非谓有故事之谓也，故事中有精神气质性格之谓也”（曹勇军《教育，我和你们的故事》）。其中，“师生故事”引起我的兴趣。因为有故事，才想去聆听，因为去聆听，才会有故事，多么富有辩证的哲思。今日读完《葡萄月令》课堂实录，对此中“师生故事”又有新解。

故事 1 一张 PPT

述故事的预设元素，有清简定位。一张 PPT 上汪曾祺先生三句话，自始至终显示在那儿，这俨然成了课堂故事预设的最基本元素。从另一个角度看，这又成了本节课上学生不断品味语言的一个很实用的助手，又恰到好处地提醒学生什么是课堂的不蔓不枝，什么是课堂的灵动优美。这种述故事的预设元素，清简定位在曹老师诸多执教的课例上都一如既往。如执教的《赤壁赋》一课中，整个课堂就是使用三张 PPT: 一张问题呈现; 一张课堂板书; 一张金圣叹评《赤壁赋》。

“一”与“三”都是极简的数字！这是曹老师对课堂的定位！清简！“散文，名散，字文，号性情。”他用这样平常的话来结课，我不禁拍案叫绝！像极了中国画的白描，清简！这种隐含着“顿悟”的教学方式，是洗尽铅华，删剪枝蔓，呈现“白水明田外，碧峰出山后”的美丽。

福楼拜曾经对风格有个精辟的定义：“风格是思想的血液。”别林斯基也有类似的观点，他说:“风格是思想的浮雕。”

由此想到，曹老师教学风格的背后应是思想的浮雕。因此，清简不仅是一种方式，更重要的是一种“大道之简”思想的具体体现。（成尚荣《苏派的教学风格》）因此，曹老师这种述故事的预设元素，对于教师，对于学生都是极其重要的。因为教师与学生都是这个故事中的主角，是故事的主体，这就强调了教师与学生在教学中的平等地位与二元思想。

故事2 一本《蒲桥集》

带故事的宏观起课，有视界定位。“今天带来一本书，汪曾祺先生的一本书，散文《蒲桥集》。今天和靖江中学高二（3）班的同学们一起来学习选自这本书的代表作《葡萄月令》。”这是曹老师的开场白。简洁明了！一开课，就带着汪曾祺先生的散文《蒲桥集》入课，这本散文集本身就预示着作家的故事，我以为这个故事是带着作者来到课堂。这其中的妙处，一是激起学生学习文本的兴趣，引领学生走向文本的故事中；二是把学生的学习视界放在广阔的作品集中去，给学生一个宏观的故事背景。

《蒲桥集》共60多篇，这些散文定位于写凡人小事的小品，目的在于帮助人们发现自己的"凡人小事"之美。其中，除《葡萄月令》外，还有《果园杂记》《紫薇》等类似的篇目。在汪老的笔下，植物形象鲜明、生动有趣，其描述的动画效果，印象深刻。

作者笔下的文字是亲历、亲见、亲闻的忠实记录。他强调美在身边，美在本分。这正是适应了中国读者文化心态和期待视野的调整。《葡萄月令》是汪老1958年被下放劳动两年的杰作。有生活，才有写作。他写人间草木，落笔之处，无不亲切质朴，内涵丰富，甚至有点家常、琐碎，不挖掘什么意义和价值、不讲大道理，只是朴素的描述，刻画生活、仿佛信手拈来、行云流水，却细致入微、妙趣横生、引人入胜，让我们由衷喜欢。因此这样起课，可以带领学生从宏观上总体把握汪曾祺散文的精神气质和艺术神韵。

故事3　一个评价

引故事微观入课，有学情定位。"课前我请同学们每个人用一句话写出读过此文的感受，大家写得都很精彩，有个同学的一句话给我留下特别深刻的印象，他说'这是一首朴素到了极点的田园诗'，我觉得这话讲得别致。”曹老师从学生众多的感受中选出“这是一首朴素到极点的田园诗”这句话，而且评价为别致。看似简单的一句评价，却道出他用心良苦的教学安排。

我很欣赏他这种入课，有目标，有观察，有引导。这里，我们可以看出学生已经和文本之间有了诉求的故事。引故事微观入课，有学情定位。课堂教学是一种师生双边参与的动态变化过程。在课堂上，每个学生都是一个生动的独立个体，他们是主动求知欲积极探索的主体。教师是这个变化过程的设计者、组织者、引导者，是为学生服务的。所以曹老师的课堂设计，即教学展开过程中的各个环节，已经把自己的教学思路转向服务于符合学生身心发展的需要。他是借班上课，很关注学情，分析学生学习的起始能力，全面考虑学生的学习的需求。因此，这样的入课能从微观上调动学生的学习兴趣，能辅助、激发、促进学生走进文本的视界，因而也就有了课堂中学生与文本诉求故事的叙述。

故事4　一篇《礼记·月令》

借故事维度拓展，有立体定位。“对《葡萄月令》，课前我们也作了预习，下面我想请同学看‘月令’，依据我们阅读以后的体会、认识、理解，说一说‘月令’包括什么内容？”曹老师对问题的设置，目标清晰，贴近学情。对于“月令”的理解，他又从三个维度引导学生层层深入。

首先，让学生谈谈自己对“月令”的理解，可以说是感性的触摸。其次，从课文中让学生找找文本对“月令”的解答，可以说是理性的认知。最后，教师从《礼记·月令》这本儒家经典中寻找到对“月令”最精确、最美丽的描写，可以说是知性的概述。从感性触摸到理性认知再到知性概述，步步为营，从农事讲到辛劳人的喜悦，再谈到背后作者豁达的情怀，使得文章具有立体感、厚重感、主题感。这样，既能层层扣住学生的质疑，又能和学生一起在课堂品味汉语的韵味；不仅教会了学生品读此类散文的方法，更重要的是教会了学生一种思维的方式。

以上是笔者从曹老师《葡萄月令》中摘取的几个故事。而这些故事既能传递出他对教育的理解、信仰和爱，也能表达出学生与他交往过程中的感受、想象和评价。我想，这一节课必将成为学生一生的精神底色和青春记忆。正如他所说："教育，就是教师和学生的故事。"（曹勇军《教育，我和你们的故事》）

本文作者：张　萍（福建）

意蕴深刻，设计巧妙

散文是一个人生活经历的沉淀与升华，往往表达的不仅仅是作者的一种情感，更多的是作者的一种人生态度。《葡萄月令》是汪曾祺先生的一篇散文，朴实无华的语言中蕴含着可贵的人生态度，曹勇军老师通过精心巧妙的课堂设计将这篇文章中的深刻意蕴向学生们娓娓道来，听了这节课，我也获益匪浅，对他敬佩不已。这节课值得我学习的亮点很多，我主要择其一点教学思路来谈谈。

在课堂的初始，曹老师以汪曾祺先生的一本散文集《蒲桥集》引出即将要学习的课文《葡萄月令》，并且指明这篇文章是这本散文集中的代表作。其实，这就明确告诉我们这是这本散文集中最优秀的一篇，也在一定程度上暗示学懂这一篇文章就明白了这本散文集的中心思想。这让学生在潜意识里认识到这篇文章很重要，一定要集中注意力听讲。

从散文集巧妙引出《葡萄月令》这篇文章后，曹老师根据学生的预习情况有选择性地挑出了其中一位学生读了这篇文章后的感受——“这是一首朴素到了极点的田园诗”。这句话虽然出自一位学生之口，但也一语道出了汪曾祺先生的这篇文章最显著也最重要的特点——语言极其朴素，但朴素的语言连缀起来却美得像一首诗。这也为后面分析汪曾祺先生的语言“读起来像流水一样有叮叮当当的流畅节奏之美”埋下了伏笔。

接下来，曹老师从课文题目《葡萄月令》入手，很自然地问学生们“月令包括什么内容？”并和学生一起探讨“月令”的内涵。这是一个比较简单的问题，不仅容易调动学生的学习积极性，而且很自然地就引出了葡萄按月生长变化的情况，不知不觉中已经进入课堂的重要环节，分析每个月葡萄的生长变化情况。

在这个环节中，让我最佩服的是当曹老师问葡萄生长的12个月份中学生喜欢哪几个月时，学生的回答是八月、四月、五月、九月，但这与曹老师的预设性答案不完全一致，学生没有说出他预设性答案中的三月。这时他巧妙地来了两句“其实三月也很好”“我们确定选择三月、五月、八月来学习”，让学生回到了他预设性的课堂中来。在这里，他没有被学生牵着鼻子走，而是果断地采用了自己原来的课堂设计。

也许有人会说课堂应该以学生为主体，但我们也不应该忘了教师是课堂的引导者和组织者，而曹老师这样做，恰好发挥了一个引导者与组织者的作用。他有选择性地挑了这几个有代表性的月份是有原因的，这几个月份不仅生动地描绘了葡萄的动态生长过程，更体现了汪曾祺先生独特的语言魅力，为接下来的朗读环节和分析文章语言特色环节做了一个很好的铺垫。

在选择了三月、五月、八月三个具有代表性的月份后，曹老师巧妙地运用了一句“有人说汪先生的文章不是用眼睛看的，要靠嘴巴来读”引出下面的环节：朗读。通过朗读让学生体会这篇文章的语言特色，并分析为什么汪曾祺先生的文章读起来给人一种“像流水一样有叮叮当当的流畅节奏之美”。

在这个环节中，我认为有两点非常重要。

第一，在学生的朗读过程中能立足文本。

从这篇文章的文字本意入手，耐心地向学生分析文章中某些字词，如“起”“伸开”“瞎长”“结不结果”“噼噼啪啪”“绞”的意思以及范读，这里面不仅有对学生耐心的引导，也有他对汪曾祺先生朴素语言准确深刻的理解。最让我佩服的，是他对于汪曾祺先生这篇文章语言的分析并没有故作艰深，而是用最简单朴素的语言向学生道出了这些词语与句子所表达的情感，让学生很容易理解文章，读懂文章，进而为后面分析文章主旨打下了良好的基础。

第二，评价学生有自己的特色。

他在学生朗读的过程中总是先肯定学生的优点，再纠正学生的不足之处，并且对于学生的优点再三肯定，对学生的不足只是一语带过，而后耐心引导、纠正。作为老师，我们应该肯定学生的优点，但在肯定他们优点的同时我们还需要指出他们的不足之处，使他们更出色。而曹老师的高明之处，是在肯定学生优点的同时点出学生不足之处且重优点轻不足，这无疑是一种教学的智慧。既能通过肯定学生优点调动学生的学习积极性，又能指出学生的不足之处使之更好。

在朗读环节即将结束之际，他又用了汪曾祺先生的一句话“好的语言就像揉面，要软熟，要筋道，有劲儿，像流水一样地顺畅，读起来特别顺，读起来有一种我们汉语特有的节奏之美，甚至有一种天籁之音”很自然地引出自己的问题——“这样一种像流水一样叮叮当当的流畅的节奏之美，是怎么造成的呢”，继而让学生在思考中找出“口语化”“短句多”这样的答案，最后总结出汪曾祺先生文字“似断实连”的效果。

这是整个教学思路中的一个小环节，但这个小小的环节也设计得如此严谨，以一句话开始朗诵这个课堂小环节，也以一句话完美地结束这个朗诵的小环节。这篇文章的语言特色被学生掌握之后，他又回到开始的“月令”一词，提出了“作者为什么要用月令这种形式来写葡萄的生长”这一问题，学生们的思维被这一问题激活了，纷纷说出自己独特的见解。

由于这个问题的答案中蕴含着这篇文章的深刻内涵，所以，学生的回答有时候未免有点浅显，而曹老师在此时并没有让学生停留在浅层次的文本分析上，而是顺势对学生进行了一个有效的引导——“作者用月令这种形式能把我们平时看似散漫的生活条理化。况且，一个在农村生活的人，一年四季，农村生活是以月令形式展示出来的，所以，它非常完整地表现了我们原生态生活的过程，非常完整地写出了我们生命的过程”，“月令就这样很好地把葡萄生长过程表现出来了。你再看，有的段落长，有的段落短，就像树一样很自然，因为生活就是这样的，有的月份特别繁忙，有的月份特别清闲”。这样巧妙的引导与补充，不仅回答了作者为什么用月令这种形式安排文章结构，而且把文章主旨推向了一个更高的层次。

紧接着，曹老师又通过“初看文章似乎就是讲种葡萄，再仔细一看，写的是作者种葡萄的辛劳，辛劳之后的喜悦和满足，再往后看，这篇文章反映了一个葡萄种植经历，实际上反映的是汪先生1959年受‘反右’政治运动的牵联，被打成‘右派’下放到农村……”很巧妙地引出了课堂设计的另一环节——作者简介，通过对作者汪曾祺生活经历的介绍让学生明白这篇文章其实写的就是作者的一种品格，一种胸襟，一种在困境中依然乐观，依然豁达，依然热爱生活的人生态度。在此也让学生学会了一种文本解读的方法——“由文及人，由人及品”。

与此同时，他趁热打铁，向学生推荐了汪曾祺先生的另一篇散文《果园杂记》中的一个片段——“涂白”，并告诉学生今天学习的这种文本解读方法对于这个片段的分析同样适用。除此之外，他还顺势向学生介绍了一种读书方法——“既要一篇一篇地读，更要成片，一片一片地读，由此及彼，几篇文章一起读，这样子我们读下来以后呢，就可以知一篇通一类，阅读就可以有好的见地发表”。课堂的这一环节在教给学生学习方法、读书方法的同时也让学生学会了触类旁通、举一反三。

在课堂的最后，从《葡萄月令》这篇文章延伸到散文是什么——散文，名散，字文，号性情。这又一次引出了他的最后一句话——“而这种胸襟、气度，就是这篇文章读过之后给我们的底层的启示，精美之处”。这句话在一定程度上升华了这篇文章的主题。

曹老师的这节课，让我明白了：好的课堂并不一定要有多彩的活动、华丽的辞藻，简单而又朴素的语言、自然而又严谨的教学思路也可以造就一节好课。

本文作者：闫　曼

悟　课　人

辽宁省本溪市第二高级中学　扈志强

厦门外国语学校石狮分校　张　萍

陕西交通职业技术学院　闫　曼

丁卫军老师《背影》课堂实录与研究

《背影》课堂实录

【执教】江苏省南通市石港中学　丁卫军

【上课时间】2015 年 3 月

【上课地点】江苏省南通市通州区育才中学

师：同学们，今天我们一起学习朱自清的散文《背影》。下面看大屏幕，预学时，你关注了这一组词吗？每个词读两遍，速度不要快。

（屏显）

祸不单行　满院狼藉　惨淡赋闲

踌躇　蹒跚　颓唐　情不能自已

琐屑　情郁于中　大去之期

（学生齐读。教师抽查学生解释词语）

付超悟课：初中是学生语文知识积累的重要阶段，字词积累是极其重要的组成部分。丁老师用实际行动展示了字词不但是语文基础的一部分，还是学生提高语文修养的一个重要手段，更是提高学生领悟中华文化的一个最直接、具体的载体。

陈春英悟课：丁老师的导入就像《背影》的开头一样开门见山，直入主题，简洁明了，但简约却不简单。“你关注这一组词语了吗？每个词语读两遍，速度不要快。”看似简单的两句话，既引发了学生的思考——哪些词语？我读到了吗？又为学生提出了具体要求，非常实用，值得借鉴。

李淑珍悟课：将文中富有感情的一组词语精心挑选出来，不仅积累了字词，而且让学生感受到作者在文章里流露出来的伤感和凄凉。为课堂营造了一种“沧桑”的氛围。读散文，读的就是一个“情”字。丁老师这一导课可谓抓住了精髓，并引导学生思考：作者的内心为何如此伤感和凄凉？当时发生了什么事情？为什么写这篇文章？自然而然地引起下一个环节：写作缘由。这样的导课可谓独具匠心。

师：下面，大家将这一组词语再轻轻地自读一遍。（学生小声朗读）谁来说说朗读后的感受？

徐金香悟课：简洁明了的开课语，巧妙地引导学生自然走近文本的情感世界。

生1：惨淡。

生2：凄凉。

生3：伤感。

生4：心里感觉很灰暗、压抑。

师：是的，老师读了以后感觉有一种说不出的沧桑感。也许，还真没有一篇课文的重要词语集中在一起会给人这样的感受。作者为什么想起要写这篇文章呢？我们看屏幕，看看作者自己是怎么说的。

付超悟课：在语文教学中，要培养学生的语文素养。塑造学生的心灵，因为没有思想就没有语言，没有正确的观念就表达不出思想感情真实的好文章。叶圣陶先生说："作文之形式为文字，其内容实不出思想情感两端，以言思想，则积理必富而为文始清，若但读物得宜，便会仿其词句，握管撰作，则收效犹薄。”教学的源头活水就是塑造学生的心灵。“老师读了以后感觉有一种说不出的沧桑感”一句，四两拨千斤，一下子拉近了学生与文本的距离，巧妙地引导学生体悟文本，表达情感，塑造心灵。

（屏显）

写作缘由

朱自清说：我写《背影》，就因为文中所引的父亲的来信的那句话。当时读了父亲的信，真的泪如泉涌。

徐金香悟课：精心挑选词语，营造出“沧桑”的氛围，抓住文章的感情基调，接着提问“作者为什么想起写这篇文章呢”，巧妙地引入写作的缘由。

师：是因为父亲的一封来信。作者所引的信中的那句话，在文中的哪里？请画出来。（学生圈画）大家一起读。（师深情范读，教室里短暂静默）

师：身体平安，又何来膀子疼痛？只是“举箸提笔”之不便，又何来“大去之期不远”呢？父亲到底想和儿子说什么呢？

（屏显）

读一读，这不足30字的文字里，包含了父亲怎样的心愿？

生5：对儿子很是思念。

生6：要儿子尽快回去看看他。

师：很有道理，作者读了这里以后，也是泪如泉涌。文中作者怎么写的。一起读读看。

（学生齐读：“我读到此处，在晶莹的泪光中，又看见那肥胖的、青布棉袍黑布马褂的背影。”）

师：父亲“那肥胖的、青布棉袍黑布马褂的背影”一下子激起了作者对父亲的回忆，那“最不能忘记的背影”在哪里看到的呢？文中是怎样具体描写的？请圈画出来，读一读。

（学生在文中圈画，自读。教师巡视）

陈春英悟课：由文章结尾父亲的信开始分析，思路更清晰，自然地引出作者的回忆。丁老师的范读很有感染力，把学生带入情景，奠定了整堂课的感情基调。

李淑珍悟课：丁老师是一个心思细腻之人，在父亲的信中竟然发现父亲话里有话。是啊，只是“膀子疼痛厉害，举箸提笔不便”，就“大去之期不远”了吗？这也太夸张了吧。噢，原来是父亲想念儿子了，想让儿子回来。但父亲为什么不直说呢？这里又给学生留下了悬念。

师：大多数同学画好了。请你来读一读。

生7（朗读）：我看见他戴着黑布小帽，穿着黑布大马褂，深青布棉袍，蹒跚地走到铁道边，慢慢探身下去，尚不大难。可是他穿过铁道，要爬上那边月台，就不容易了。他用两手攀着上面，两脚再向上缩；他肥胖的身子向左微倾，显出努力的样子，这时我看见他的背影，我的泪很快地流下来了。

师：这位同学找得很准确。这是父亲在浦口车站为我买橘子时的背影。大家细细地读，进行圈画、批注，说说你关注了哪些词语，为什么？

（屏显）

细细地揣摩、圈画、批注，说说你关注了哪些词语？

（学生圈画、批注，教师巡视。教室里一片寂静，只有书写的沙沙声）

徐金香悟课：圈点勾画做批注，是读书的一种辅助方法。丁老师在教学中随时引导、培养学生养成良好的语文学习习惯，可谓既“授人以鱼”又“授之以渔”。

师：差不多了，我们来一起交流。

生 8：我关注了“攀”“缩”“倾”这三个动词，这里写出父亲爬月台很艰难，不容易，表现出对儿子深挚的爱。

生 9：我关注的是“蹒跚地走”“慢慢探身”，这“蹒跚”“慢慢”写出父亲对儿子的爱。

师：怎么从这两个形容词里读出了父亲的爱呢？似乎还没读到词语的内部去。还有同学关注这两个词了吗？

生 10：蹒跚的意思，是走路摇摆的样子，不方便。父亲年纪大了，又是一个胖子，所以腿脚不灵活吧，走路摇摆，动作缓慢，加上铁道边难走。尽管如此，父亲还是坚持自己去给儿子买橘子，这里面渗透着父亲的深爱。

师：很好。这样的品读，就进去了，读到当时父亲买橘子时的情景和情感。品析词句就要学习这样的方法，不能笼统地套。好，继续。

陈春英悟课：丁老师一步步引导学生抓住“关键动词”分析父亲对儿子深沉的爱，自然妥帖而又不留痕迹，当然，这并非一日之功，而是平时教学中的总结与提升。

李淑珍悟课：圈点批注是一种很重要的读书方法，它能培养学生对词语的敏感性，发掘出作者真正要表达的东西。只有静下心来深入文本，才能真正地感受到作者的内心世界。比如，学生从父亲“蹒跚地走”“慢慢探身”“攀”“缩”“倾”的动作描写中，体会到了父亲买橘子的艰难。即使艰难，父亲也要亲力亲为。在艰难的背影中，学生体会到了父亲浓浓的爱。

生 11：黑布、深清布，从这几个字里，可以看到父亲当时生活的艰难。

师：不错，这位同学关注了父亲的外貌。好。我们来读一读大屏幕上的文字，看看丁老师的修改，与你们关注的还有哪些不一样。

（屏显）

我看见他戴着小帽，穿着大马褂，棉袍，走到铁道边，探身下去，尚不大难。可是他穿过铁道，要爬上那边月台，就不容易了。他攀着上面，再向上缩；他身子向左微倾，显出努力的样子。

读一读，比一比，想一想！

（生齐读完，再自读原文比较）

师：谁来说说？

生12：老师读得更仔细。攀着上面的两手和向上缩的两脚，您给去掉了。

师：你读得也仔细哦。为什么不能去掉？

生12：说明父亲很努力。

师：我们想象一下，年老的父亲，肥胖的父亲当时的状况，真的已是用尽全力了。

生13：还有外貌部分的“黑”字。黑是可以读到父亲在守孝，色彩灰暗。

师：小帽、棉袍、马褂可以说是当时男人的正装。可是父亲不顾这些，去为儿子买橘子，一门心思在儿子身上。父亲爬月台之艰难，甚至是狼狈的，都可以说是一种父爱的深沉。其实，这里的“背影”也赋予了它另一种深刻的象征意味，那就是父亲无休止的奔波和说不尽的辛劳的身世。

陈春英悟课：很多老师在授课时会把“望父买橘”作为重点，分析动词和外貌，关注“黑”字。但丁老师独树一帜，去掉重点再和原文比较，自然引发学生思考：为什么衣服都是黑的，蹒跚是什么意思，双手双脚都用上说明什么？看似不起眼的一个环节，却在不经意间把学生带入情景。

李淑珍悟课：老师备课，不仅要备教材、备教法，更要备学生。“学生会的让学生讲，学生不会的老师再加以引导。”丁老师正是秉承了这一理念，在学生品味完后，又将自己更改的句子显示在屏幕上，引导学生通过比较，更加深刻地体会：在祖母去世，父亲生计急迫，内心如此沉重悲痛的情况下，还要艰难地爬过铁道，攀上月台，为自己买来橘子，这是多么深沉的父爱！

师：这一幕，作者见到这时父亲的背影，有怎样的反应？作者写道：这时我看见他的背影，我的泪很快地流下来了。

作者以前没见到过父亲的背影吗？为什么这时流泪呢？先看看，在父亲为送儿子踌躇犹豫的时候，在父亲一路上再三嘱咐的时候，在父亲忙这忙那的时候，我有怎样的想法？在前文中能找到吗？画出相关句子。

（学生圈画）

师：哪位同学读一读？

生 14：我找到两处。第四小节的“其实我那年已二十岁，北京已来往过两三次，是没有什么要紧的了”。第五小节“我那时真是聪明过分，总觉他说话不大漂亮，非自己插嘴不可……”第一处，当时作者感觉自己能行，父亲送有些多余。第二处嫌弃父亲说话不漂亮。

生 15：还有第五小节结尾：“我心里暗笑他的迂；他们只认得钱，托他们只是白托！而且我这样大年纪的人，难道还不能料理自己么？唉，我现在想想，那时真是太聪明了！”这里作者暗笑父亲迂腐。

师：这两位同学，读书很仔细。我们一起来把这三段文字读一读。看屏幕。男生读第一段，女生读第二段，齐读第三段。（生读）

师：在读的时候，有没有体会一下作者当时的想法和现在想法的情感变化呢?

生 16：现在作者想起来有些自责、后悔。太聪明了，真是太聪明了，好像说自己自作聪明。

师：大家读一读，再体会一下刚才这位同学的发言。聪明的反义词是？对，愚蠢。是说自己自作聪明，实质很愚蠢。说反话，这里用了反语的修辞。记下来。

李淑珍悟课：丁老师由“我的眼泪很快流下来了”引导学生联系“我”之前对待父亲的态度，以及现在的态度，从对比中体会到我对父亲感情的变化：由不理解到理解，由嫌弃到感激，这个变化过程正是作者的成长过程。这一环节水到渠成。

师：这里的“暗笑”与“泪很快流下来了”，是一组鲜明的对照，也是父爱之重与“我”的不谙世事之轻形成鲜明的对照。大家再想一想，这时的父亲处在一个什么样的日子里？文中有交代吗?

生 17：第二小节：“那年冬天，祖母死了，父亲的差使也交卸了，正是祸不单行的日子。”第三小节：“回家变卖典质，父亲还了亏空；又借钱办了丧事。这些日子，家中光景很是惨淡，一半为了丧事，一半为了父亲赋闲。”

师：大家一起读一读。（生读）想一想，冬天是怎样的？寒冷！仅仅是季节吗？哦，还有父亲此时的心情。说得很好。不仅是季节之冬，更是父亲的人生之冬，事业之冬。祖母去世、父亲失业，祸不单行，在父子俩即将分手各奔东西的时刻，我注意到父亲。与其说眼睛看到，不如说是——对！心看到了。心灵的骤然注视，咯噔之间，泪很快流下来了。

师：细细读，你会发现很多值得玩味的地方。刚才有同学说，父亲穿的是布衣，而给“我”做的却是什么？对，紫毛大衣。那时的家庭情况和父亲的处境，能为“我”做出那么多的付出，真的是不易。

师：我们把这一部分再读一读。（生自读课文）告诉丁老师，你的父亲在你心中是怎样的形象。

付超悟课：丁老师在教学中创设了丰富的教学情景和问题空间，给学生提供了合作交流、互动探究的广阔空间，对于学生探究过程中产生的疑点或不同意见，鼓励他们的发现、表达，使每个学生都能把富有创新性和个性化的感受大胆表

达出来。这一点，很值得我们语文老师反思、学习！

生 18：父亲很高大，很魁梧。

生 19：父亲很英俊，很伟大。

生 20：父亲是我的偶像。

师：这些词语似乎与朱自清笔下的父亲都不搭。有人也认为，这里的父亲“不可爱”“不潇洒”，写得也“不诗意”。你怎么看？

生 21：我觉得，这里的父亲对“我”的那种爱是真实的。毫不影响我对他的敬意。

师：这个问题似乎有些难。作者没有刻意地美化父亲，这里父亲爬月台之艰难，而且还有些狼狈。作者用白描的手法，用近乎“审丑”的方式来丰满人物形象，造成情感上的落差，拨动读者心弦。

师：父亲买回橘子，一股脑儿放在我的皮大衣上。（师范读：“于是扑扑衣上的泥土，心里很轻松似的。过一会说：‘我走了，到那边来信！’我望着他走出去。他走了几步，回过头看见我，说：‘进去吧，里边没人。’等他的背影混入来来往往的人里，再找不着了，我便进来坐下，我的眼泪又来了。”）如果说前面是个特写镜头的话，这里就是一个慢镜头。父亲走了，又回头。为什么？

生22：依依不舍。

生23：还是不放心，牵挂。

师：都有。当父亲的背影混入人群再找不着了，“我”怎么样呢？泪又来了。

生：不舍父亲离开吧。

师：一场聚会，一次相遇。席散了，人走了。“背影”作为最后的记忆留给了人们。人们总是翘首期待，热望，或是伤感。也许这正是“背影”的另一个隐喻，意味着别离。背影的“背”字，其本义就有离别，分别之意。前文中说，我想起祖母簌簌地落泪，那是一种“死别”，这里呢？这里是一种“生离”。有人说，本文写了一段至爱，也写了一种至痛，人生自古伤离别。好，我们大家再一起来读一读。老师读父亲的信中的那句话，大家读作者当时的感受。

（师读：“我身体平安，惟膀子疼痛厉害，举箸提笔，诸多不便，大约大去之期不远矣。”生读：“我读到此处，在晶莹的泪光中，又看见那肥胖的、青布棉袍黑布马褂的背影。”）

徐金香悟课：“哪位同学读一读”“大家读一读”“在读的时候，有没有体会一下”“大家一起读一读，再体会体会”“细细读”。丁老师耐心地引领学生品读，通过反复品读来感受作品语言的温度，充分体现了他：“实而不死，活而不乱；动静相生，张弛有度”的教学理念。

师：父亲“大去之期不远矣”，对作者而言不是一种将要到来的诀别吗？文章开头作者淡淡地说“我与父亲不相见已二年余了”，“不相见”是不能见，还是不愿见？我们看一个资料。

（屏显）

1915年，朱自清父亲包办他的婚姻，他有怨言。父子生隙。

1916年，上北大后自作主张改“朱自华“为“朱自清”，父亲很生气。

1917年：父亲失业，祖母去世，家庭经济陷入困顿。朱自清二弟几乎失学。《背影》的故事就发生在这一年。

1921 年，朱自清北大毕业参加工作，父亲为了缓解家庭经济紧张私自扣留了他的工资。父子发生剧烈矛盾，朱自清离家出走。

1922 年，朱自清带儿子回家，父亲不准他进门，只能怅然离开。

1923 年，朱自清再次回家，父亲不搭理他。父子开始长达多年的冷战。

1925 年，父亲写信给儿子：大约大去之期不远矣。朱自清在泪水中完成了《背影》。

——王君：《生之苦痛与爱之艰难——<背影>再读》

师：原来父亲来信的背后，遮遮掩掩之间，隐藏着父子之间的一场“情感战争”。大家想想，这封信，是父亲在干嘛？上课一开始，大家说希望儿子回去看看。现在想想呢？对，求和，是父亲在向儿子求和。这里是儿子胜利了吗？对！没有什么胜者和败者。作者读到信泪如泉涌，是一种什么情感？

付超悟课：文学作品中，作者情感的流露由其特定的环境决定！艺术形象的展示需要借助具体性和典型性来暗示，意境的创造委婉含蓄，知识信息的容量简短单薄。所以在语文教学中，作者和写作背景介绍环节很重要。丁老师借助资料的展示，展现了作品的多重意义，也能使学生深刻地理解课文，更能使学生尽快进入情境。因此，这个环节的设置给我们留下深刻的印象，更能引起我们的重视。

生 24：有了对父亲的理解。

生 25：有了一种愧疚。

师：对，父亲能主动求和，我这个做儿子的却不能。真的要到“子欲孝而亲不待”吗？看资料。

李淑珍悟课：对一篇散文的理解，离不开了解作者的身世背景，丁老师及时补充资料解释了父亲想念儿子，想让儿子回家又不直说的原因，也解开了“我与父亲不相见已二年余了”的悬念。也正是父亲的求和，让朱自清想起了父亲对自己的种种关爱，愧疚心疼得泪流满面。

（屏显）

朱自清是怀着羞愧、伤悲、感恩等复杂的情感写作《背影》

的，作者写《背影》其实用情极深、用力极猛。短短一篇《背影》里有悠长的朱自清的生活史、情感史、思想史。《背影》背后的故事更让我们看到了人性中真实的一面。作者的忏悔是很沉重的，沉重到每思及此，就流下眼泪。

——倪文尖：《<背影>何以成为经典》

李淑珍悟课：在课堂教学中，老师适当地引用名家的评论，可以加深学生对文本的理解。这段评论，写出了朱自清写此文时对父亲的愧疚和感激之情，有助于学生把握作者的感情。也正是这种真情的流露，感动了无数的读者。这也启示学生：写文章要打开心扉，流露真情，这样才能以情动人；不要把自己包裹起来，说大话，说空话，说假话。

师：8年之后，作者也已为人父了。重新再看父亲的时候，作者就多了一份理解。请一位同学读第七小节的开头部分。

生26（读）：近几年来，父亲和我都是东奔西走，家中光景是一日不如一日。他少年出外谋生，独立支持，做了许多大事。哪知老境却如此颓唐！他触目伤怀，自然情不能自已。情郁于中，自然要发之于外；家庭琐屑便往往触他之怒。

他待我渐渐不同往日。但最近两年不见，他终于忘却我的不好，只是惦记着我，惦记着我的儿子。

师：除了教材的旁批（“老境”和两个“惦记”），体会两个“自然”的意味。与父亲的恩怨，只是淡淡的一笔“他待我渐渐不同往日”，笔法很含蓄简约。写得多的还是对父亲老境的那种隐隐的痛以及父亲的爱。所以作者最后说——

（屏显）

唉！我不知何时再能与他相见！

师：你读出了什么？

生 27：两个感叹号，饱含作者想见父亲的热望。

生 28：“唉”里有对父亲身体的担忧。

生 29：“唉”里有说不尽的愧疚。

师：从不相见到何时才能相见。一声叹息，两个感叹。说不完的别离，言不尽的沧桑。所以，读《背影》要结合当时的社会和家庭背景来读，看屏显。

（屏显）

《背影》所传达出来的“沧桑感”是沉重的，它潜隐在作品的字里行间。《背影》写的是一个时代和家庭的“大背景”下的人物的“小背影”。

——陈日亮：《< 背影 >：你读出了多少“背影”》

付超悟课：文章表达的思想感情是复杂而多元的：不但有父亲对儿子的一片深情，也有儿子对父亲的怀念、怜惜和感伤之情。丁老师用高度概括的语言“一声叹息，两个感叹”引导学生认识和理解“背影”是多元情感的载体，饱含着关怀与体贴，同时也饱含着惨淡与哀伤，更有自责和愧疚。

李淑珍悟课：已为人父的作者，在看到父亲的求和信后，想起了父亲对自己无微不至的关爱，感情的闸门终于打开了。“一声叹息，两个感叹”里包含着无尽的愧疚、感激和思念，可谓“父子情深”。

师：1928 年，朱自清的父亲读到了这篇文章。据朱自清的弟弟朱国华回忆说，当父亲一字一句读完《背影》时，他的手不住地颤抖，昏黄的眼珠好像猛然放射出光彩。父子和解了。

徐金香悟课： 学生的阅读视野有限，阅读经验不足，丁老师课堂上恰当而巧妙地介入写作背景，还用了对《背影》这篇经典作品的评论片段等辅助资料，帮助学生更好地理解感悟文章所表达的父子深情，使之对作品有更深的体验。

师：这篇文章就读到这里，也许我们真正读懂，也要在我们为人父母之后。台湾作家龙应台这样说——

（屏显）

我慢慢地、慢慢地了解到，所谓父女母子一场，只不过意味着，你和他的缘分就是今生今世不断地在目送他的背影渐行渐远。你站立在小路的这一端，看着他逐渐消失在小路转弯的地方，而且，他用背影默默告诉你：不必追。

——龙应台：《目送》

师：建议大家课后读一读龙应台的散文集《目送》，或许会帮助我们读懂《背影》。下课！

徐金香悟课： 此时出现龙应台《目送》中的片断，可谓天衣无缝，孩子父母的情感在“他用背影默默告诉你：不必追”中陡然升华到高潮，此时的课堂已经达到沸点。接着，建议大家读龙应台的散文集《目送》，又是多么巧妙的引领。

李淑珍悟课：结尾引用龙应台《目送》中的原文片段：“所谓父女母子一场，只不过意味着，你和他的缘分就是今生今世不断地在目送他的背影渐行渐远。”与《背影》中“等他的背影混入来来往往的人里，再找不着了，我便进来坐下，我的眼泪又来了”意境如此的一致，真是完美的结合！

名师简介

丁卫军，江苏省南通市通州区育才中学语文教师，江苏省中学语文特级教师，江苏省名教师，全国中语首届学术先锋人物、全国中语教改新星、全国优秀语文教师、全国文学教育名师；南通市学科带头人、中青年科技拔尖人才、先进教育工作者，南通市中青年名师丁卫军工作室领衔人；“苏语五人行”成员，“简约语文”倡导者和践行者。参编教辅用书18种，主编《二十位中学语文名师经典课例实证研究》等，发表教科研文章100余篇。

简约课堂，深厚功底

初读丁老师的《背影》课堂实录，第一感觉就是：精巧构思，水到渠成。经过几次的深入研读，更是被其精妙的设计所折服。反观自己的教学，我就像是一个刚走上讲台的师范毕业生，甚感惭愧。下面，我就用手中的拙笔抒写自己的研读感受。

一、精巧构思，水到渠成

课堂伊始，丁老师就彰显了“简约语文”的教学理念，整堂课干净、丰美、高效。首先，他精心挖掘了课文中的典型词语，营造“沧桑”的氛围，准确地抓住了文章的感情基调，也把学生带进了文本。“作者为什么想起要写这篇文章呢？”适时地一问，巧妙地介入写作缘由，接着，又顺理成章地引导到“作者所引的信中的那句话，在文中的哪里？请画出来”。引导学生读文本，析词语，悟感情。环环相扣，读，悟；再读，再悟。重点词语、重点语段自然地呈现，循循善诱，适时点拨：“其实，这里的‘背影’也赋予了它另一种深刻的象征意味，那就是父亲无休止的奔波和说不尽的辛劳的身世。”“这时我看见他的背影，我的泪很快地流下来了。作者以前没见到过父亲的背影吗？为什么这时流泪呢？先看看，在父亲为送儿子踌躇犹豫的时候，在父亲一路上再三嘱咐的时候，在父亲忙这忙那的时候，我有怎样的想法？在前文中能找到吗？画出相关句子。”丁老师的课堂中时常会有“请画出来”“画出相关句子”的引导语言，说明他时时注意交给学生读书方法，培养学生读书好习惯。

读，悟，交流后，引领：“父亲‘大去之期不远矣’，对作者而言不是一种将要到来的诀别吗？文章开头作者淡淡地说‘我与父亲不相见已二年余了’，‘不相见’是不能见，还是不愿见？我们看一个资料。”“除了教材的旁批，体会两个‘自然’的意味。与父亲的恩怨，只是淡淡的一笔‘他待我渐渐不同往日’，笔法很含蓄简约。写得多的还是对父亲老境的那种隐隐的痛以及父亲的爱。所以作者最后说，齐读最后一句！”一路的引领，一道的交流，他说作者的“笔法含蓄简约”，其实，丁老师的课堂引领又何尝不简约。他的课堂结构如行云流水，自然而顺畅，让人耳目一新，如饮甘醴。

二、品悟语言，授人以渔

品味语言是文学作品阅读的重点，这一点大部分语文老师都清楚，但一般语文课堂还是生硬分析、架空分析比较多，只是在授人以鱼。

丁老师的《背影》课堂实录展现了扎实的品味语言的课堂。他引导品味语言，贯穿于整个课堂教学过程中。如“那‘最不能忘记的背影’在哪里看到的呢？文中是怎样具体描写的？请圈画出来，读一读”。这一课堂教学片段中对“攀”“缩”“倾”这三个动词及“蹒跚”“慢慢”等形容词，还有他有意改写的片段，引领学生找到动词之外的名词等的感悟赏析，堪称巧妙。

还有三次品读父亲的来信。刚开课是第一次朗读，学生只读出是通常书信中所表达的思念之情，他不置可否，继续引领学生往下品读。当品读了第六段父爱的深沉，第二段家境的艰难和我自身感情的变化后，又第二次朗读这封信，学生读看信后的感受，他引导学生再一次去感悟信中父亲真正要表达的感情。可能考虑到难度，就又引导学生："父亲大去之期不远矣"，对作者而言不是一种将要到来的诀别吗？文章开头作者淡淡地说"我与父亲不相见已二年余了"，"不相见"是不能见，还是不愿见？我们看一个资料。于是，他补充了一段作者和父亲情感战争的资料。第三次品读，这时再让学生品父亲来信时的真正用意，学生理解起来就容易多了，理解了父亲经过长时间的情感战争跟儿子求和。三次品读一个语段，一次比一次深刻，在学生经历欠缺的情况下，最终引导学生把文中的复杂深沉的情味体会出来，这才是授人以渔。

三、旁征博引，填充空白

初中生因阅读经历的欠缺，初读文章很难快速读懂理解，需要老师恰到好处地链接资料以辅助学生理解感悟。而在这一点上，丁老师的解读与安排天衣无缝，不留痕迹。

如写作缘由的补充："朱自清，我写《背影》，就因为文中所引的父亲的来信的那句话。当时读了父亲的信，真的泪如泉涌。"在合适的时机，恰当地向学生介绍文章的写作背景，帮助学生很好地理解文章的主题和把握作者所表达的情感。

又如，父亲"大去之期不远矣"，对作者而言不是一种将要到来的诀别吗？文章开头作者淡淡地说"我与父亲不相见已二年余了"，"不相见"是不能见，还是不愿见？我们看一个资料。（又补充了一段作者和父亲间感情战争的资料）

再如，原来父亲来信的背后，遮遮掩掩之间，隐藏着父子之间的一场"情感战争"……如果没有背景资料的介入，学生可能就只会理解到普通的"父爱"主题的表达层面。这样的旁征博引，有力地填充了文本的空白，让学生深刻领悟到作者写作此文的初衷及文章所表达的作者复杂的内心情感。

四、简约语文，深厚功底

丁老师的《背影》课堂，虽然品析的是沉重的"沧桑感"，但欣赏品味的过程却是一种美的享受。这堂课构思巧妙，水到渠成。课堂上的交流、生成自然顺畅。“一声叹息，两个感叹。说不完的别离，言不尽的沧桑。”他的课堂语言精练、流畅，有美感、富诗意。整个课堂实录给我的感受是简约语文，精彩课堂，非得深厚的文学功底方可达到。

读完丁老师的《背影》课堂后，我也做了很多功课。他的教学理念给我启发与引领，他深厚的语文功底令我敬佩。我非常赞成他曾说过的一段话：我们这一代青年教师，要“恶补”中国传统文化，要静下心来读“孔孟”“读老庄”，读《史记》……文化知识的浅薄是我们新一代语文教师的“软肋”，是任何引入课堂的高科技所无法弥补的。我虽年龄已过不惑，但在语文教学的道路上我感觉自己仍然是一个“青年”，需要补的课还很多很多。

今后，愿跟随丁老师的脚步，努力让语文课堂呈现出如此的模样：语文的，学生的，简约的。

本文作者：徐金香

深情的分享，智慧的交流

丁卫军老师讲的《背影》一课，尊重学生的心灵体验，既有对学生评点方法的引导，更有对于阅读文章方法的传授，引发了我很多的思考：亲情课讲授重点应是亲情的体验感受，还是结构剖析主题理解的思考？教师在课堂上教学的重心是什么？

他的课堂思路基本上是：（1）在文中找有关描写背影的句子，每次描写分别表达了什么样的思想感情？（2）文中几次写作者流泪，每次流泪体现了什么感情？（3）找出父亲的话，体会这些话语体现了什么样的感情？通过这几个问题对课文的结构和主题进行了全面的分析，给听课人的感觉很全面周到、条厘清楚，既有文学作品欣赏带给人的那种美感，还能让人从情感上产生共鸣，更能打动听者！

丁老师设计了这样的课堂语言：“谁来说说朗读后的感受？”这样的问题可以说一石激起千层浪，同学们纷纷发言，畅谈感受，老师适时点拨，为导入课文学习营造了积极热烈的氛围。紧接着，自然导入《背影》一课：“作者为什么想起要写这篇文章呢？”这样的切入点，把课文的学习定位在欣赏品味文学作品这一点上，而且充满浓浓的生活气息。

老师在处理完这一环节后，接下来又用了几个问题来引导学生对课文的学习：“请同学们朗读课文，看一下文中提到背影的地方是怎样描写的？其中蕴含着怎样的感情？留意一下自己对文章的第一印象，看看你喜欢这篇文章哪些地方写得好？哪儿让你感动了，有必要的时候做一些标记，做一些记录。”这样的引导体现了对学生的充分信任，把学习的主动权交到学生手里，给学生自主学习及思考留有自由宽松的余地，把老师正确地定位在组织者、引导者、协调者、点拨者的地位。

课堂气氛和谐，学生和老师互动、交流、质疑、解疑，思维的火花不断地碰撞闪耀，而且由于老师的巧妙引导，他们的探讨始终围绕着一条清晰的主线：“父子情深”。他们从父亲的一言一行、一举一动、所思所想、外貌衣着、神情态度，以及儿子对父爱理解的逐步加深，语言的朴实感人等方面进行了全方位分析！每个学生谈得都是那样发自内心，而且有着自己独特的见解与体会！每一次的对话都是学生阅读文本后的有感而发，学生与作者、老师、文本进行对话，情绪激昂！

丁老师的引导也可以说是因人因材，适时流畅，深入文章，也深入学生心里，符合学情。就连对“背影”这个线索在文章中出现的次数和作用，对文章框架的分析也是那样的自然而然，不是为了分析而分析，而是出于理解文章内容的需要。在分析的基础上，他引出了这样的话题：“1928 年，朱自清的父亲读到了这篇文章。据朱自清的弟弟朱国华回忆说，当父亲一字一句读完《背影》时，他的手不住地颤抖，昏黄的眼珠好像猛然放射出光彩。父子和解了。”

然后，引导学生进行拓展思考“怎样才能更好地和父母相处”这个问题。这个拓展思考也不是空洞的，而是依着课文内容分析的需要，因而学生能很好地理解接受。这样的引导，让学生结合自身生活实际进行了深入浅出的分析，不但对文章内容，而且对语言文字的表达效果也有了深刻的理解和体会。

另外，丁老师饱含深情地朗读，也会使学生慢慢地进入散文的情境中。在这个环节上，他发挥了自己的特长，他在示范朗读时，十分注意自身的情感表现，教师进入了课文的情境，把自己体验到的情感传递给学生，进行心灵的接触，产生了情感的共鸣。丁老师以读为旋律，融声音、表情为一体，营造出了一种亲情的氛围，更给听课者留下了深刻的印象，而且影响深远。

从丁老师的课堂中我得出这样的结论：阅读教学不应为教学而教学，为分析而分析，而应把学习作为一种亲情的分享，一种人生的探讨，一种与他人心灵的碰撞交流。

本文作者：付　超

接地气的一堂语文课

怎样的课算是一堂好课？怎样才能让课堂充满激情与活力？怎样让学生有所得、有所悟、有所感？这一直是我思考的问题。不可否认，教师知识渊博，课堂上给学生以美的享受是一堂好课，但以质朴的语言，简单的结构，把学生一步步引入情境，有所感悟，更是一节接地气的好课。我认为丁老师的课很接地气。

一、导入简约接地气

上课开始，丁老师直接点出本节课学习的内容："同学们，今天我们一起学习朱自清的散文《背影》。下面看大屏幕，预学时，你关注了这一组词吗？每个词读两遍，速度不要快。”简洁明了，不温不火，而在平时上课中这是最实用的。

很多时候，我在备课时，绞尽脑汁想能引起学生注意的或激发学生兴趣的导入语，觉得没有导入语课堂就不完美了。有的导入语效果确实不错，而有的就有哗众取宠之嫌了。所谓“适合得就是最好的”，丁老师的课就是一个很好的典范。

二、环节大众接地气

由挑选的一组词语入手，让学生通过读这一组词语说感受，巧妙地引导学生体会感情，自然探究作者写这篇文章的原因。由结尾对父亲背影的再现过渡到文中对本次背影的刻画——望父买橘的背影。和大多数老师一样，丁老师也是细致分析了这个背影。他选择了让学生圈点勾画、做批注的方法，既充分发挥了学生的主动性，又培养了学生好的读书习惯。在学生探讨、分析的基础上，他又出示了自己改写的语段和原文比较，引发学生的积极思考，进一步体会父亲深沉的爱。

接下来，他让学生体会作者流泪的原因，采用找出相关段落，用多种形式读的方法，让学生在读中品，在读中悟。学生体会到父亲的爱是深沉的，而把这种爱放在一种特定的背景下则更显伟大，随后又自然出示文章的写作背景……这样的不经意和顺理成章在丁老师的课堂上比比皆是。

丁老师课堂环节的安排没有刻意求新、求异，和我们平时上的课很接近，没有距离感，所以说接地气。不同的是他课堂细节的处理恰到好处，情感的引导得心应手。开头出示了一组词语，让学生朗读并说说感受这一细节，巧妙、自然地让学生感受到本文的情感。抓住父亲信中的话来分析，“身体平安，又何来膀子疼痛？只是‘举箸投笔’之不便，又何来‘大去之期不远’呢？父亲到底想和儿子说什么呢？”

带领学生分析这样的细节，比较容易地看出父亲的心愿是想和儿子见一面。接着，顺势引导学生找到作者是怎样写的，一起读读看，随后转入买橘子的背影的刻画。一切都是这样自然、这样不留痕迹、这样水到渠成，真正做到了润物细无声。这样的课堂是轻松的，学生在潜移默化中学到了分析文章的方法。

三、感情引领接地气

在前面一步步引导学生理解父爱的基础上，丁老师又引导学生重读文章结尾一段，老师读父亲信中的那句话，学生读作者当时的感受。读完后，他抛出一个出人意料的问题："文章开头作者淡淡地说'我与父亲不相见已二年余了'，'不相见'是不能见，还是不愿见？"屏显一段资料，原来父亲来信的背后，隐藏着父子之间的一场"情感战争"。在这种情况下父亲想让儿子回去看看，实际是在向儿子求和。父亲能主动求和，做儿子的却不能，想到这些，怎能不泪流满面呢？

年迈的父亲向儿子求和，这又是一种多么深沉、多么令人心酸的爱啊！尤其是在那个仍多少遵循"父为子纲"的年代，一个父亲能低下头来向儿子求和，可以说这种爱超越了一切。读到这里我深有感触，相信听课的学生更是感慨颇多，因为许多人都有过这样的经历。

初中读书阶段，尤其是初二，正是青春期逆反的时期，哪个同学没有和父母闹过矛盾？有多少个同学会主动和父母求和？又有多少次是父母用不同的方式向自己求和？在亲人面前低头不叫懦弱，那是给予，那是奉献，那是爱！通过这节课的学习，相信每个同学都会反思自己的行为，用心体会父母的关心与疼爱。这样的课学生会终生难忘。

听了这堂课，我觉得，语文课堂就应该走进学生的心灵，挖掘能触动他们内心的东西，这堂课真正地做到了接地气。

丁老师深厚的语文功底和极高的语文素养，令我折服。在语文教学这条道路上，我会不断学习、不断进步，祈愿跟上他的步伐，尽快成长起来。

本文作者：陈春英

一堂彰显语文本色的高效课堂

什么样的语文课是一堂好课？老师们见仁见智，答案是多种多样的。我认为简单、自然、本色、高效的课就是一堂好课。而丁卫军老师的课例《背影》，就是这样的一堂高效语文课。

一、结构简单清晰，环环相扣

丁老师在开门见山导入新课后，出示了一组精心挑选的具有忧伤、凄凉感情的词语让学生朗读体会，并说出自己的感受，一下子抓住了文章的感情基调，也自然地引出了本文的写作缘由。

然后，朗读父亲的来信，思考父亲来信的弦外之音，留下悬念。由读信后的感受“我读到此处，在晶莹的泪光中，又看见那肥胖的、青布棉袍黑布马褂的背影”，自然引出下一个环节“品析望父买橘的背影”。在赏析“我最不能忘记的背影”中，丁老师挖掘出这里的“背影”，也赋予了它另一种深刻的象征意味，那就是父亲无休止的奔波和说不尽的辛劳的身世。

之后，由作者的感受“这时我看见他的背影，我的泪很快地流下来了”，自然联系到在买橘子之前我对父亲的态度和现在对父亲的态度，在对比中体会到作者感情的变化：由不理解到理解，由嫌弃到感激。

这时，他再次引导学生：“大家再想一想，这时的父亲处在一个什么样的日子里？文中有交代吗？”找到文本后，让学生体会在父亲心情如此沉重，动作如此艰难的情况下还亲自为儿子买橘子的那种深沉的父爱。所以“等他的背影混入来来往往的人里，再找不着了，我便进来坐下，我的眼泪又来了”。丁老师引导学生体会作者流泪时的内心世界，挖掘出“背影”的另一个含义：“意味着别离。”并且引导学生对比自己所感受到的父亲形象，体会父亲形象的缺憾和父爱的真实性。作者的感情为什么会有这样大的变化？父亲想念儿子，想让儿子回去，为什么不直接说？丁老师适时地补充资料，揭开了这一系列的谜团，原来父亲来信的背后，遮遮掩掩之间，隐藏着父子之间的一场“情感战争”，原来这是一封求和信。父亲能主动求和，我这个做儿子的却不能。想到这里，作者愧疚地泪如泉涌。

结尾再次品读最后一段，从两个“自然”体会到作者对父亲的理解；从“颓唐”“情不能自已”等词中体会到作者对父亲的同情；从“唉！我不知何时与他相见！”两句中体会到作者对父亲的愧疚、感激和思念！最后，引用龙应台《目送》中的原话，营造出与《背影》一致的意境，言有尽而意无穷！

二、赏析紧扣文本，在读中加深感悟

这堂课紧紧围绕着文本，在不同形式的朗读中体会作者的感情，这也是本色、高效课堂的表现。从课堂开始时的一组词语，到父亲的来信，从望父买橘的“背影”的特写镜头，到我的第三次流泪，从找出“在父亲为送儿子踌躇犹豫的时候，在父亲一路上再三嘱咐的时候，在父亲忙这忙那的时候，我的想法的句子”到最后一段的品读，处处紧扣文本。

于永正老师也说过：“阅读教学要让学生留下语言，留下情感，留下形象。”而语言的积累，情感的积淀，形象的丰满，主要还是靠朗读，因此，课堂必须回归到以读去理解、感悟文意的传统教学方法上来，把课堂还给学生，腾出相当的时间让学生从容不迫地去主动读书，让学生在读中直接与文本对话，与作者沟通。学生书读多了，读熟了，自然会领悟文章的意思，自然会品尝到语言的“原汁原味”，达到“文章读之极熟，则与我为化，不知是人之文，我之文也”的境界，真正陶醉其中。丁老师在这方面做得很好，值得我们学习。

“哪位同学读一读”“大家读一读”“在读的时候，有没有体会一下作者当时的想法和现在想法的情感变化呢？”“大家一起读一读，再体会体会”“细细读”“我们把这一部分再读一读。”作者用朴素的语言，引导学生通过不同形式的读，来不断深入体会字里行间蕴含的感情，可谓抓住了语文的本质。

三、教师授之以渔，学生收获满满

在这堂课中，学生的收获是满满的。他们不仅在不同形式的朗读中领悟到了真挚的父子之情，而且学到了多种读书的方法。如寻找同类词语的读书方法，圈点勾画的读书方法，在读中感悟的品读法，改换原句的比较阅读法，读同类文章的拓展阅读法。这些方法不仅让学生受益终身，对听课的老师也是大有益处。

四、老师旁征博引，内容丰富深刻

课堂上，丁老师适时地引用了很多资料，既丰富了课堂内容，又解除了悬念。如“文章开头作者淡淡地说‘我与父亲不相见已二年余了’，‘不相见’是不能见，还是不愿见？我们看一个资料”。随即补充了一段作者和父亲间感情战争的资料，解除了“我与父亲不相见已二年余了”的悬念，和父亲想念儿子却不直接说的悬念。

课堂上还引用了倪文尖：《<背影>何以成为经典》中的一段文字：“朱自清是怀着羞愧、伤悲、感恩等复杂的情感写作《背影》的，作者写《背影》其实用情极深、用力极猛。短短一篇《背影》里有悠长的朱自清的生活史、情感史、思想史。《背影》背后的故事更让我们看到了人性中真实的一面。作者的忏悔是很沉重的，沉重到每思及此，就流下眼泪。”这段文字加深了学生对《背影》的理解。因为这段评论，明确了朱自清写此文时对父亲的愧疚和感激的心情。正是这种真情的流露，感动了无数的读者。这也启示学生：写文章要打开心扉，流露真情，这样才能以情动人；不要把自己包裹起来，说大话，说空话，说假话。

总之，丁老师个人素质极高，《背影》这堂课构思巧妙，结构简单，在读中悟，在悟中读，善于发现别人不能发现之处，善于教给学生读书的方法，是一堂自然本色的高效课堂！

本文作者：李淑珍

悟 课 人

山东省德州市武城县滕庄中学　徐金香

山东省德州市武城县实验中学　付　超

山东省德州市武城县实验中学　陈春英

山东省德州市临邑县实验中学　李淑珍

肖培东老师

《美丽的颜色》

课堂实录与研究

《美丽的颜色》课堂实录

【执教】浙江省永嘉县第十一中学　肖培东

【上课时间】2017 年 11 月 10 日

【上课地点】浙江省慈溪育才学校

一、猜读，检测自读情况——你猜老师会问什么问题

师：读完一遍的同学请举手，没读完的同学不着急，慢慢读。（同学们差不多都举起来手）既然大家都读完了，老师就要提问题了。老师的问题是什么呢？老师的问题是，你读了这篇自读课文以后，猜猜看，肖老师会问你什么问题？

吴长贤悟课：肖老师的课堂导入，改变大多数老师的课堂开头要有精彩的情景创设的方法，而是平淡地缓缓道来：“你读了这篇自读课文后，猜猜看，肖老师会问你什么问题。”让学生猜课，问题简单明了，表面看是一平如水，实际蕴含他对整节课的巧妙构思，一改常态的做法，能激发学生更浓厚的学习兴趣。这种设计真正体现一种无声胜有声的教学效果。

孙开仁悟课：看似简单的一问，却如一粒石子搅皱了一池春水；看似不经意的一问，却让学生的心灵的藤蔓在文本这堵墙上慢慢地攀爬探索。学生会的或者自己能够解决的一律不教，肖老师在用一种不留痕迹的猜读法在了解学生的学情，试探学生对文本的理解程度。“问”看似不经意，实则有意而为。这一“问”，妙哉！

董亚君悟课：肖老师在上课伊始，先引导学生静心读课文，接下来并没有开门见山直接提出明确的问题，而是反弹琵琶，出乎意料地让学生猜“老师会问你什么问题”，顿时点燃了学生智慧的火花，既激发了学生主动思考的兴趣，又自然而然的拉近了师生的距离。

生：老师可能让我们回答文章主要讲了什么？

师：请同桌回答这个问题。

生：玛丽夫妇他们经过四年的时间，发现了镭。

师：写的是居里夫妇提炼镭的过程。这个问题简单，该不是我想问的。请同学们继续猜。

生：文章主要表达了主人公的什么精神？

师：这个问题不错。关于精神品质，我们一般会用四个字的词语或成语来概括，请大家来概括一下。

生：乐观坚强。

生：坚持不懈。

生：锲而不舍。

生：吃苦耐劳。

生：一丝不苟。

生……（教师连续问好几个同学，都用四个字来概括）

师：请大家都把这些词语写在课本上。（课题空白处）

师：你们自己读课文以后，读出了居里夫人哪些品质？把我们刚才记录的这些词再一起读一读。

学生（齐读）：坚持不懈，锲而不舍，一丝不苟，永不放弃，坚守乐观，热爱科学，献身科学，精益求精，不怕辛苦，吃苦耐劳。

师：这些你们从文本里确实能读出来吗？（学生点头）有很多文字里可以读出来。既然你们都能读出这些精神品质，就说明肖老师问的还不是这个问题，继续猜肖老师要问哪个问题。（用手势示意学生举手回答问题）

张小艳悟课：“浅浅”语文倡导者肖老师，其实是离作者、语言、文本、生活等最近的老师，所以，他谦称自己“只想浅浅地教语文”。在“你猜”“你猜”中，学生乐颠颠地由浅到深，从不同角度，把自己的小小经验和盘托出，有了汇报，有了表现，有了成就，有了被鼓励，小娃娃怎能没有“美丽的喜悦”？

生：题目中的“美丽”究竟指什么？

师：好问题！“美丽的颜色”究竟指什么颜色？这个问题有分量，哪个同学会回答？标题中“美丽的颜色”究竟是指哪一种颜色？

生：“美丽的颜色”表面上是指镭美丽的颜色，实际上是写出了居里夫人吃苦耐劳的品质。

师：同学们，“表面上”“实际上”，这说明美丽的颜色有几种颜色？对，两种！既指镭的颜色又指科学家的美丽的精神品质，写在标题的旁边——“美丽的颜色”指的是镭的颜色，还是科学家的伟大的科学精神。这么难的问题你们也能读出来了，看来还不是老师要问的问题，继续猜肖老师要问什么问题。

董亚君悟课：当学生接连总结出主人公的精神品质时，当同学们全面理解了“美丽的颜色”时，肖老师总会抓住记忆的黄金期让同学们写在恰当的位置，尤其是关注课题。看似浪费时间，但“好记性不如烂笔头”，学生批注的过程也是归纳、思考、养成良好语文习惯的过程。今后学习语文时，相信学生们会有“不动笔墨不读书”的欣喜进步。

生：钋和镭是什么？

师：这个问题我真问不出来，这个问题谁知道？他问的这个问题很专业。

生：是两种金属元素。

师：很科学专业的术语，（镭的发现在人类科学史上具有重要意义）这些有待于我们大家在以后的学习中慢慢去了解。请大家再想想老师问大家什么问题?

生：这篇文章的主旨是什么?

师：文章的主旨一般指什么加什么，即内容加精神，也就是我们的第一问和第二问，请你把第一问和第二问连起来，说说看。

生（提问的同一人）：文章写了居里夫妇花了四年的时间提取镭的过程，表达了居里夫妇对科学坚持不懈、一丝不苟的精神品质。（很流利）

师：文章写了两种颜色，大家有没有发现，原来“美丽的颜色”是可以连接文章的故事内容，也可以深刻到主人公的精神品质的。最后一猜，肖老师究竟想要问什么问题。

生：哪几个句子表达了文章的中心主旨?

师：这位同学很好地告诉我们，读书要关注句子，关注词语，关注段落。用一句话来讲，读书就是要关注文字。因此，我们提问也可以从语言上去提问。（赞许）

董亚君悟课：整个课堂导入，肖老师仅有引导学生的只言片语：“猜猜看，肖老师会问你什么问题”“这个问题简单，

该不是我想问的”“这个问题不错”“这么难的问题你们也能读出来了，看来还不是老师要问的问题，继续猜肖老师要问什么问题”。这个环节与其说是学生一步步揣摩教师心思的过程，不如看作学生由浅入深、循序渐进感悟文本的过程。于不知不觉中，师生共同揭开了文本陌生的面纱，逐渐步入“美丽”深处。

师：那么，现在我们要公布谜底了，老师的问题究竟是什么呢？本来你们提的这些问题都是我想问的，现在我就不问了。我的问题是，你读完这篇课文以后，请告诉我，《美丽的颜色》是什么文体的文章？一起说——

吴长贤悟课：从猜课始，肖老师教学构思的妙处就时时体现。一句“漫不经心”的提问，引导学生思考抛出系列问题。在此过程中，他不是限定学生的思维，而是充分体现学习的自主性、民主性。为了达到学习目的，他语言的“导”很具艺术性。如“这个问题简单……”的教学评价语既不会浇灭学生刚刚点燃的学习热情，还引导学生思考更深入的问题。在层层推进中引出很“平常”的问题，“《美丽的颜色》是什么文体的文章？”可谓“一石激起千层浪”，学生恍然大悟，文本意识凸显。

学生纷纷说：散文、记叙文、传记、议论文。（学生说法不一）

师：大家说的怎么不一样，各种文体都有，议论、叙事……到底是什么？

董亚君悟课：在导入过程中，根据学生现场生成的智慧火花，引导学生明确：读书要关注句子，关注词语，关注段落。用一句话来讲，读书就是要关注文字。而顺势提出“《美丽的颜色》是什么文体的文章？”这一问题，其实是进一步引导学生：读书要关注文体。王荣生教授曾说：“语文老师要把小说当小说教，把诗歌当诗歌教，把散文当散文教。”这是一句“真实的废话”，但又有多少老师能够做到呢？肖老师提出问题时，让大家一起说，却得到多种答案，由此可见一斑。因此作为一名语文教师，我们有理由记住王旭明老师强调的一句话：“从七年级开始，语文老师一定要具有文体意识！”

生：传记。

师：你怎么知道是传记？

生：注释有的。

师：请大家画出来。原来这篇文章选自《居里夫人传》。大家把“传”这个字点出来，也就是说这篇文章是一篇名人传记。那我的问题就要跟下去了，你认为读名人传记，要读它的什么？

董亚君悟课：细节之处，彰显功力。当学生回答正确时，不是简洁地点评“真棒”这样毫无营养的评价，而是寻根问底“你怎么知道是传记？”这也是在不着痕迹地引导其他学生读书要关注注释，关注出处。“那我的问题就要跟下去了，你认为读名人传记，要读它的什么？”看似顺口一问，其实颇具匠心，这是在“循着文体教语文”，循着文体的特点教语言文字的运用，循着文章的规律与特点去教语文，让学生“识体而学”，更准确地领会文本要旨。

生：我认为，读名人传记要读名人的精神。

师：也就是说，读名人传记要汲取传记中的精神营养，来启迪我们未来的人生路程。很多名人，在他们需要信仰确定人生目标的青少年时期就非常爱读名人传记。所以，我们

就知道读名人传记要读出传记给我们的思想启迪。（教师板书：美丽的颜色　思想）

师：读名人传记还要读什么，或者说，首先读什么？

生：首先了解名人的身份和他做的事情。

师：也就说，读出名人的故事，读名人成长的故事。（板书：故事）

生：读作者在写名人时的好词好句。

师：同学们可以看出来，现在真的是越来越会读书了。我们先来看一下，这篇文章的故事，就是居里夫人提炼、发现镭的美丽的颜色的过程，这篇文章带给我们的思想启迪，其实就是让我们感受到科学家精神上的美丽的颜色。有意思吧，原来文章中的标题，既可以连接故事内容，又可以嵌入思想品质。

吴长贤悟课：一个简单的问题，能动态生成丰富的教学内容。在学生明白读名人传记基本的方法后，肖老师不失时机地评价“真的是越来越会读书了”。一个“会”字，既肯定了学生，也让学生牢牢记住了学习名人传记的方法，可见此处的总结平淡而出彩。

孙开仁悟课：肖老师“葫芦里的药”在千呼万唤中始出来，既吊足了胃口，又让我们为之一惊。答案在意料之外却又在意料之中，原来，他是要紧扣文体来教文本，直接指向传记的重点——思想与故事。原来，上一个环节作了这一环节的有效铺垫。有意思吧，有意思！

张小艳悟课：自读自读，就是要让学生读出来，自己去探索未知。肖老师要提的问题居然是文体——传记，这个“传”字很重要，但常规上学生一上来就会答“思想”“精神”，会忽略本身的“故事”，没有故事哪来精神？建构“美丽”之类的语言，是新课标特别强调的。不是“虚假空”，而是读书要动脑筋，脚踏实地，在此基础上，再勾连，再想入非非。

二、重点评读“美丽的颜色”

师：接下来，这篇文章一定有你读不出来的东西，请大家再次默读课文，想想“美丽的颜色”是怎样把故事和思想联系到一起的。同时，请你画出带有“美丽的颜色”这五个字的句子。

（学生默读 6 分钟，教师要求看完的同学举手）

师：文章中一共出现了几次美丽的颜色？（学生一起回答：三次。）哪位同学找到了含有“美丽的颜色”的句子？

生：请大家看第18自然段——这个物理学家和颜悦色地回答：“我不知道，你可以想到，我希望它有很美丽的颜色。”

师：画出来。第二次出现在哪里？

生：请大家看第20自然段——玛丽说：“不要点灯！”接着轻轻地笑了笑，再说：“你记得你对我说‘我希望它有很美丽的颜色’的那一天么？”

师：请大家一起读最后一段——第22段：镭不只有美丽的颜色还自动发光。（教师重复范读）

董亚君悟课：课文感悟欠火候时，对于朗读能力较差的学生来讲，教师范读可以更加有效地提供直接的示范和指导，有推波助澜的作用，既可让学生的情感提升，又促使学生的朗读水平提高。可以说，老师的范读有多美，语文就能有多美。

师：同学们有没有注意到，这“美丽的颜色”都出现在文章的后半部分，确切来讲，就是在发现镭以后的那个夜晚的相关描写中。下面，请同学读第一次出现的句子。（教师

指定男女两位同学分角色朗读,教师读旁白——朗读第17段)

有一天，玛丽像期盼别人答应给的玩具的小孩一样，怀着热切的心说：“（女生）我真想知道它会是什么颜色？它会是什么样子？它的相貌如何？比埃尔，在你的想象中，它是什么形状的？”这个物理学家和颜悦色地回答：“（男生）我不知道，你可以想象，我希望它可以有很美丽的颜色。”

（女生）我真想知道它会是什么颜色？它会是什么样子？它的相貌如何？比埃尔，在你的想象中，它是什么形状的？（男生）我不知道，你可以想象，我希望它可以有很美丽的颜色。

师：同学们感受到了吗？（询问朗读女生的同桌）你离她这么近，你对“居里夫人”的朗读满意吗？

生：比较满意。（教师追问理由）因为，她在读的时候感情比较丰富。

师：你觉得她哪个词读的感情很丰富？

生：“我真想知道它会是什么颜色”这一句中的“它”。

师：同学们你注意到了吗？居里夫人为了要说好这句话，

要把这一个字说好——“它”。大家有注意到吗？“它”上面有个标点符号。（问女生）你说说看，这个“它”要读出什么味道来？

生：就是怀着一种特别强烈的心，想要知道镭的颜色。

师：好，请坐。（继续发问）同学们，这个“它”还要读出什么味道？

生：要读出一种好奇心。

生：要读出玛丽对于镭的期待。

师：像期待自己的孩子一样，这个“它”充满了期待。

生：有一种充满爱的感觉。（教师点头）

师：请“居里夫人”再读一次。刚才那位同学，请你再试着读一读，大家听好。

师：（学生再次朗读）大家注意到了吗？她这遍的朗读，语速比前面的是快了还是慢了？

朗读学生回答：快了。（其实是慢了）

师：哎哟，那我对快慢判断失误了，我感觉语速是越来越慢了。那你觉得居里夫人说话是用快一点的语速来说还是慢一点的语速来说好？

生：我觉得快一点好。（教师要求他示范朗读，学生读快）

师：大家觉得这样说话的人像不像居里夫人？

生：有点不像。我觉得吧，应该是要稍微快一点，这样可以体现居里夫人对镭的期盼。

师：对，适当快一点，可以表现居里夫人对镭的期盼，但这个“快”不应该是慌手慌脚急躁的快。居里夫人，一个科学家，我们刚说过她严谨的，一丝不苟的，是很沉稳的，你说一个急慌慌说话的人像不像居里夫人，科学家？所以在这个基础上，建议你慢一点，请你再读一次。

吴长贤悟课：“化身”文中人物，读中悟味，读中悟情。肖老师为了让人物的品质能影响、打动学生，从而受到“美丽的熏陶”，在全班默读、齐读片段、教师反复范读的基础上，采用了男女生分角色读的方式。读完，提问学生对“居里夫人”的朗读满意与否，在幽默风趣中让学生“化身”居里夫人。教师评价给了学生最好的奖励，学生不仅是在读课文，更主要的是受到科学家伟大精神的感染。

张小艳悟课：针对初中孩子的特点，“美丽的颜色”不能讲得过于抽象，所以齐读、分角色读、师生读，角色的情感音调长短指导，就是揣摩习得人物性格的过程，用具体形象代

替了抽象说教“它”的深刻含义、心理活动。肖老师的“浅浅”，就是让孩子自己“吟融”，让孩子学“游泳”。

生读（慢速，感情）：我真想知道它会是什么颜色？它会是什么样子？它的相貌如何？比埃尔，在你的想象中，它是什么形状的？

师：嗯，这次大家都满意一些了。居里夫人尽管有着热切的好奇心，但她说话语速会不会很冲？不会。一个科学家的沉稳、温和要读出来。你再说说看。你读“比埃尔”三个字的时候你充满怎样的感情？

生：因为他们俩是夫妻，我觉得应该是温柔的有爱的。

师：哎，对啦！你再读读看，看“比埃尔”满意不满意。（学生再次朗读）

师（有感情地朗读）“这个物理学家和颜悦色的回答”——示意男生朗读。

生：我不知道（朗读很生硬，大家笑了，教师请他再读一遍）我不知道。你可以想到我希望它可以有很美丽的颜色。

师：这位科学家想传达给妻子一种什么信息？

生：我觉得，他想……（老师叫另一个学生）

生：就是他想给妻子一种鼓励。

师：你再来读读看。

生：我不知道（读得无奈失望）（大家笑，老师调侃：完蛋了）

师："我不知道"其实是什么意思？

生：物理学家要给玛丽一种鼓励，一种希望。

师：也就是说：虽然我不知道，但我也很想知道。所以，你读这个"我不知道"应该记住，这种"不知道"不是一种绝望，不是一种悲观，同样也是充满着热切的好奇心。同时，要鼓励自己的妻子——在相濡以沫的岁月里，共同走过。所以，同学们记住了，人物的语言是充满情感的。下文"美丽的颜色"，要表达一种给人希望的上扬的力量。请女同学一起来读居里夫人，男同学一起读比埃尔，老师读旁白。

（全班分角色朗读，读得很到位，深情）

师：（再读）我真想知道它会是什么颜色？它会是什么样子？它的相貌如何？比埃尔，在你的想象中，它是什么形状的？

孙开仁悟课：比埃尔与居里夫人之间的对话朗读，成为课堂中温情与温馨的一刻。肖老师让情感演绎为声音，流进每一个年轻无邪的心田，让爱情的美丽与生命的美好在孩子们的心灵里百转千回。这是一种润物无声的交流，这是诗意与生命的鸣奏，真实而朴素，有情而有味。

师：没有什么比困难的环境中两个人互相搀扶，共同努力更让人陶醉甜蜜的了。那天晚上，镭就要被发现了。我们看看第二次说话：那扇门嘎嘎地响着，他们走进他们的领域，走进他们的梦境。比埃尔把钥匙插入锁孔，玛丽说："不要点灯！"接着轻轻地笑了笑，再说："你记得你对我说'我希望它有很美丽的颜色'的那一天么？"（老师念旁白，学生念玛丽）

张小艳悟课："读"是必然的，无论在什么文体中，只是默看也许过于静止和单向；"读"也不是任意地读，而是一种有身份特征和性格脾气态度地读。时间空间的隔离往往成为"读"的阻碍。教师深入浅出的引导的前提，是老师提前的深入学习忘我融入地读，并把这种享受准确地传递给学生。温和下来，有针对性地指引着，出现反复和错误是可以预料的。不急不缓是教师的本色，也是玛丽·居里的本色，学生受启示的价值有时是我们估量不到的，只有大、更大。

师：这个“不要点灯”怎么读好？你来读——

生：要读出一种小心。（学生读）

师：声音为什么不要大呢？句子结尾它是个感叹号呀。

生：居里夫人是担心如果她的声音大了一点会把镭给惊到，如果声音大了，声波会使镭的光消失了。

师：嗯，有点道理，因为镭是一个孩子。再考虑一下，为什么不要点灯？

生：更能看见镭的颜色。

生：镭在黑暗下发出的那种光彩。

师：居里夫人是确定今晚会看到镭的，她想给丈夫一个惊奇，同时又小心翼翼地说。同学们说得越来越像居里夫人了。虽然有感叹号，也要注意这个感叹号要重音轻读，但不一定要响声，还得要吻合科学家的特点。好，一起来读。（教师旁白，全班朗读，读出了那种感觉）

孙开仁悟课：肖老师在标点符号上做起文章，引导学生揣摩感叹号背后的特别心理活动和居里夫人的性格特点，同时用声音来传达特定的情感。着眼于文字，着眼于标点，让我们深切地感受到细节之处也能出彩，一股浓浓的语文味扑面而来。

接着，老师范读最后几段（镭被发现的场景），适时让几位学生读居里夫人在文中的最后一次语言描写——“看哪，看哪”……

（学生读得越来越响，越来越急速）

师：一个同学比一个同学喊得响。考虑一下，这句话特别有意思，你们为什么想把这句话喊得那么响？

生：因为激动。

师：因为这时候很激动，特别激动。你恨不得来一个看哪，最好是感叹号，再来一个看哪，双感叹号。但我们要注意，文章里面提供怎样的标点？对了，省略后，后一个是感叹号。考虑一下，为什么居里夫人说的话，和你不一样。

（生思考）

师：同学们，我们先来读一读全是感叹号，最好把后一个读成双感叹号。（学生朗读，很充沛，“看哪！看哪！！”）

师：接下来读课文当中“看哪……看哪！”（学生声音轻轻，有点激动，速度快）

师：省略号也要读出来。这段喜悦漫长的时光，你要读出一点停顿感来。（再来一次）这位年轻的妇人低声说道：看哪……看哪！（学生朗读）

师：考虑一下，这里居里夫人说话，为什么不全用叹号？

生：因为一直用感叹号就没有办法体现科学家的严谨。

师：这里不仅仅严谨，喜悦中应该有沉稳、宁静，等等。同学们，如果今天晚上，是你发现了镭，你让大家来，你会怎么选择？（学生笑）你会大声地喊，恨不得慈溪市长，宁波市长来（大家都来看），媒体记者都来看，烟花礼炮都准备好。但这个人类科学史上如此伟大的夜晚，他们两个却过得平静、简单，甚至孤独、朴素。所以，这个“看哪”，把握不准，你就走不进科学家的内心。一起来读“看哪……看哪”——这样我们就知道这是怎样的科学家了。（学生读）

生：这是沉稳、严谨、一丝不苟的科学家。

吴长贤悟课：走心的引导、走心的朗读、走心的情感。肖老师不仅抓重点段落、句子的阅读，还注意到一般老师不常注意的阅读点。“看哪……看哪！”简短的对话，有意思的标点符号，在他层层推进的启发下，学生读出了无穷的韵味，与他教《春酒》一文时多次朗读标题“春酒”有异曲同工之妙。这时，联系生活举例与文中一比较，言有尽而意无穷。学生在笑声中理解了科学家夫妻俩的“平静、简单……”教师的任何一种说教都不如学生的体验来得真实，达到“教是为了不教”的目的。

孙开仁悟课：从感性地朗读到理性地品味，肖老师的解读还是一如既往地尊重文本，回归到语言文字的品味。通过齐读、个人读等形式的朗读让标点符号也会说话，让词句焕发出生命，让学生真正地走进居里夫妇成功之后平静的心灵世界。师生之间、生文之间进行有效的互动交流，实实在在的品味和幽默诙谐的情境比喻，让学生在感性与理性之中做着抉择。学生的朗读让文本活起来，让人物生动起来，让课堂亮起来。

师：不要老是沿用这种词语。我宁可你简单说热爱科学，热爱镭。再看看，他们享受着自己的孤独，享受这个夜晚的平静与普通，说明这个科学家怎样？

生：享受他们的劳动成果。

生：他们内心是恬淡的。

师：恬淡，说得真好，所以他们淡泊名利。写下来。宁静，朴素。这很可能就是，读这篇课文我们读不出来的东西。我们读到了许许多多高大上的词，但我们能不能从人物对话当中，从居里夫人内心的恬淡中，感受到那种幸福，那份快乐，那种对镭的热爱，对科学的执着，以及属于他们自己的那种宁静的生活。同学们，描写，让我们更加栩栩如生地感受到他们的光辉形象。这就是这篇文章写得生动的原因。再最后读一次。（全班齐读）

孙开仁悟课：通过前面三次扎实的朗读，此时对人物的解读和传记的生动性特点可谓水到渠成。课堂里时时有朗读之声才是最美的声音，是最有生命的语文课。课堂里时时有互动争鸣才是最有活力的课堂，才是最青春的语文课。“恬淡”是对居里夫人最高的褒奖，也是对学生进行了一次思想的洗礼。情感、态度和价值观的教育不着痕迹，润物无声般地吹拂进学生的心田，这是师者教学的智慧，更是文字本身所具有的力量。

张小艳悟课：“标点”都有匠心！老师真是玛丽·居里

和她女儿的知己，也许后者无暇顾及那么深的情感，肖老师却层层地梳理了出来。然后和孩子们一起激动，但又不是要让城市知道，不是想让“市长”知道的无以伦比的喜悦。这种科学家尤其是居里夫人的非常规思维虽难分析，但肖老师却巧妙地把学生带入了传主的“沉稳”“宁静”中。

三、探讨写法上的“美丽的颜色”

师：你看，文章的语言描写加深了这篇文章的生动性。大家写下来。（学生写“生动性”）再想想看，回过头来思考。这篇文章除了描写得非常细腻以外，还有没有在写法上很特别的地方。重看文章，从头到尾，请你找出在写法上的另一个“美丽的颜色”。你觉得是什么？它跟我们读别的传记作品有一个很明显的区别。（找到同学举手）这篇文章除了描写让我们感受到传记人物的生动形象以外，你找到写法上的另一个美丽的颜色是什么？（学生思考）

生：文章多次引用居里夫人自己的话。

师：对了，好几个段落是引用居里夫人日记中的话，是哪些段落？

（学生找出第 5、6、11、14、15 段等）

师：写传记的过程中为什么要引用居里夫人的日记原话？（生思考）

生：让读者感觉更真实。

师：对的。引用传主的原话，更加真实。请大家写上“真实性”。（生写“真实性”）接下来，我们把这些部分读一读。老师读第2段，你们读第5段，老师读第3段，你们读第6段。当然，我不会所有句子都读，我停下来了，你们就读，就跟上去。

（师生一起分段落朗读）

董亚君悟课：学生并非成熟的读者，他们的阅读旅程是在教师的引导下不断成长的过程。肖老师先依传记文体的共性而教，引导学生扎扎实实把握住传记文体的本质特征和阅读方法，又关注到《美丽的颜色》这一篇课文的独特个性：引用传主的原话，更加真实，使学生在清晰定位文体的基础上感受到文本语言的真实魅力。

师：同学们思考一下，老师读的部分和你读的部分有怎样的关系？

生：前后对应。

师：前后对应，不，应该是前后呼应，更好。互相补充的关系。作者写艰苦的环境，就用居里夫人的原话来说明艰苦的环境；作者写她工作坚持不懈，吃苦为乐，就引用居里夫人的原话来证明，就增强了这篇文章的真实性。所以传记写作要达到真实性，生动性。那么同学们再思考，既然引用可以达到这么好的效果，为什么发现镭的那个夜晚不引用（原话），而是全部采用描写？（生思考）

生：描写可以展现那个晚上，他们两个单独在屋里发现镭的激动幸福。

师：也就是说，表现那晚激动与幸福，最好的方式是对自己的语言、动作、神态的描写。所以，引用也需要有度，什么时候该引用，什么时候要用描写，都需要想好。

全班齐读最后一段：在黑暗中，在寂静中，两个人的脸都转向这些微光，转向这射线的神秘来源，转向镭，转向他们的镭！玛丽的身体前倾，热切地望着，他此时的姿势，就像一小时前在她睡着了的孩子床头看着孩子一样。

师：这个段落里有四个“转向”，为什么要用四个“转向”来写？

生：语言的感情更加激烈。最后一个“转向他们的镭”后面是一个感叹号。

师：很好，大家已经注意到感情了。而且，他注意到了“他们的镭”，四个“转向”后面的宾语词是不是在发生变化？

生：第一个是“微光”，第二个是“神秘来源”；第三个是“镭”；第四个是“他们的镭”。

师：如这个同学说的，里面有一种感情，一种幸福，一种期待，一种甜蜜，一种成功的快乐，一种像对孩子一般的情感就更明显了。所以，好的文学作品一定是有情感的，传记也是一样。居里夫人发现镭，就像母亲看到孩子。

师：仔细观察，作者写了这篇文章，作者又是居里夫人的小女儿（次女）（生齐回答）。文章当中自始至终有着一种挥之不去的情感——这就是传记感动人的原因之一，也是如此美丽。因此，我们说，好的名人传记文章一定要从故事上去思考美丽的颜色，还要从思想上、写法上去思考美丽的颜色。（板书：写法）当你掌握了这些，你就突然会觉得——原来你也是镭，因为你不仅有美丽的颜色，而且你还会自动发光。下课！（掌声）

孙开仁悟课：传记的“思想”与“故事”与“写法”等三个要素在掌声中圆满地完成，留给人无穷的回味。“原来你也是镭”一句，既是送给孩子们的褒奖与祝福，也是送给每一位观课者的勉励。愿我们的语文课有美丽的颜色，愿我们的人生有美丽的颜色！感谢肖老师给予我们的人生启迪！

张小艳悟课：对于学生来说，老师无论讲得多么形象生动有趣，学生被吸引和维持的时间都不会太长。怎样抓住学生的心理？我觉得，肖老师是把朗诵划进了环节的重点的，这种构思一直贯彻到了“探讨写法”，从必须讲的人物的描写手法，到引导学生发现“引用”手法。而“描写”和“引用”的手法并不是任意为之，环境艰苦，坚持工作时就“引用”；表现其幸福和情不自禁时，用语言动作等“描写”手法更能表现。老师有如此匠心，乃心中有“大匠意”。对四个“转向”的主语梳理，引导学生和自己一起走向居里夫人的幸福快乐，也达到了一起分享这篇传记的目的。

董亚君悟课：在本课的教学中，肖老师有意识地渗透了文体意识，使“语言文字运用”有了“肥沃的土壤”。最后一个环节，通过体会“引用”与“描写”的不同妙处，使在写法上探讨“美丽的颜色”有了实实在在的着力点，学生关于人物传记的读法、写法也深有体悟了。但肖老师继续引导学生漫溯到美丽更深处，而且竟然是通过抓住“感叹号、宾语词的变化”体会：好的名人传记文章一定要从故事上去思考美丽的颜色，还要从思想上、写法上去思考美丽的颜色。感人心者，莫先乎情，美丽的不只是颜色，更是挥之不去的美好情感。

名师简介

肖培东，浙江省特级教师，永嘉县人大常委会委员，现任永嘉第十一中学校长、教授级高级教师（正高）。1994 年、1996 年、2000 年连续三届被评为县“教坛新秀”，1997 年及 2000 年连续两届获得市“教坛新秀”荣誉，2000 年评为浙江省教坛新秀。2005 年浙江省“春蚕奖”获得者，温州市首届名师模范班主任，永嘉县优秀专业技术人才，永嘉县语文教学能手，温州市知名青年语文教师，市高中骨干教师研修班班长。

于无声处听惊雷，于无色处见繁华

肖老师的课，因为“浅”，初看淡而无味，细嚼活色生香，平淡中奇峰叠嶂起，峰回路转处环环相扣、水乳交融，可谓“风乍起，吹皱一池春水”。下面，我以《美丽的颜色》课堂实录为例，谈谈我的一些感悟。

一、“浅”中见教学构思的巧妙

新课改实施以来，我也积极投入这股洪流中，最近三年接触最多的一个词是“高效课堂”。当周边的语文人都在竭力提倡高效课堂时，我很担心自己落下，结果近三年语文课过分地追求形式上的“高效”，反而逐渐丢失了语文课的本色，课堂有些不伦不类，好像越来越不知道怎么教语文。当我看了《美丽的颜色》的课堂实录后，不禁发出感叹：“语文课就应该是这样的。”这堂课没有新与奇的课堂预设，有的只是语文课的本质，但课堂却发展了学生的思维，培养了学生的阅读能力、口语交际能力，使学生获得了基本的语文素养。

这节课，看似平淡无奇，却尽显教学构思的巧妙。他从简单的猜课始，让整节课步步深入，层层推进，环环相扣。一节课结束，该掌握的学习方法掌握了，该培养的能力培养了。看似“浅”，实则“深不可言”。原来简单的提问中，蕴含肖老师的高超的教学技巧和过人的教学智慧。德国教育家第斯多惠有一句经典名言：“教学的艺术不在于传授本领而在于善于激励、唤醒和鼓舞。”肖老师在语文教学中，能有效地调动学生思维，激发学生思考，使其主动探求知识，真正成为学习的主人。

教学就是学会吸引，调动，启发学生，使学生产生浓厚的兴趣，进而高效快乐地接受知识、提升能力。肖老师用了一个简单的问题点燃学生学习的热情，激发了学习的兴趣，学生在不知不觉中已经进入学习的最佳状态。学生一步一步地猜，教师设置悬念让学生再猜，而且评价学生猜的问题“简单”，这使学生更能积极主动地思考更深层次更具价值的问题。最后一问，巧妙地引入传记作品的教学，注重文体特征进行教学，真是“于无声处听惊雷”。接下来的每一段、每一句、每一字的评读，写法上的“美丽的颜色”的前后呼应、四个“转向”的探讨同样体现课堂构思的巧妙。他的教学构思跌宕多姿、波澜起伏，使课堂精彩纷呈、高潮迭起，课堂的生命力尽显无遗。

二、“浅”中见教学语言的魅力

肖老师才华横溢、充满魅力。他是一个真正让学生容易亲近而且难忘的老师，他不高高在上，而是走进学生的心灵，与学生平等地交流沟通，师生关系融洽和谐。这种有感染力、有生命力的课堂的构建与他教学语言的诗意盎然、幽默风趣、言近旨远、情理交融等分不开。有人说，他对语言似乎有天生的敏锐感觉，能够在常人严重稀松平常的言语中品味出不一般的“嚼头”。比如，猜课结束这句“那么，我们要公布谜底了……现在我就不问了”，这既是对学生课堂表现的精准评价与高度赞赏，也为引入下一个环节做了很好的铺垫。又如，女生朗读“我真想知道……它是什么形状的？”他在幽默风趣中让学生“化身”文中人物，学生肯定觉得有趣、自豪。这些巧妙的评价语如同一股股清泉，滋润着孩子们的心田。学生不仅仅是在朗读课文，更主要的是在朗读中认真体会科学家的内心世界，受到科学家精神的感染。再如，课堂的结课部分“文章当中自始至终有着一种挥之不去的情感……而且你还会自动发光”。这个“口”收得极好，可以加强学生对教学内容的理解，激发学生继续探讨的兴趣，保持课堂的温度，增加课堂的效能，提升学生认识的高度，让课堂摇曳多姿、锦上添花。

肖老师这节课的教学语言有温度，有力度，有深度，在这种充满浓浓的人文性的教学语言环境中，学生更能受到“美丽的感染”，接受“美丽的熏陶”，享受“美丽的课堂”，读懂“美丽的颜色”。

三、“浅”中见语文朗读的本色

初中语文课程标准要求学生：“具有独立阅读的能力，注重情感体验，有较丰富的积累，形成良好的语感，学会运用多种阅读方法”“在通读课文的基础上，厘清思路，理解主要内容，体味和推敲重要语句在语言环境中的意义和作用”。肖老师在本文的教学中用了自由朗读、默读、分角色读和示范读等阅读形式引导学生体悟情感。读的时候还着重抓住了重点语句训练。他引导学生画出带有“美丽的颜色”这五个字的句子，然后让学生朗读这些句子，在多次朗读中，让学生悟出文章故事和思想是怎样联系到一起的。他还抓住重点字词及标点符号朗读，如学生朗读“我真想知道它会是什么颜色”这一句中的“它”，他指导学生由一个代词“它”读出了一种好奇心，读出了玛丽对镭的期待，读出了爱，读出了科学家的沉稳，读出了……他还注意到文中标点符号的朗读，如“看哪……看哪！”一句，在他的层层推进的启发下，学生读出了科学家夫妻俩的平静、简单……学生通过这些阅读，理解了文章的主要内容，更主要的是获得了丰富的情感体验，也培养和提高了阅读能力。

总之，肖老师《美丽的颜色》的教学，印证了“我就想浅浅地教语文”的理念。这堂课“浅”得有深度，有韵味，有诗意，真是“于无声处听惊雷，于无色处见繁华”。细品这堂实录课后，可以说再一次点燃了我职业的激情，丰富了我审美的灵魂，引导我走向语文教学更诗意的远方。

本文作者：吴长贤

天然去雕饰，回归文本原点

肖老师的课就像一枝天然去雕饰的清水芙蓉，释放出沁人心脾的语文清香，站成一道美丽的风景。没有喧嚣芜杂的沾染，没有旁逸斜出的迁移，有的是简简单单地教、扎扎实实地教，让语文回归文字与语言本身，守住语文的本真，凸显了他独特的语文教学理念：浅浅地教语文。

一、朗读细腻，读品结合

朗读是语文教学中的重要环节。肖老师将朗读处理得细腻、精致，让课堂充满了思辨色彩，流淌着浓浓的人情味。小到一个“它”字，一个称呼，一个标点，都成了朗读中打磨的对象,学生沉浸在温情的海洋里,爱的气息氤氲整个课堂。角色读、个人读、集体读、演读等多种形式让朗读灵动多姿,让学生兴致盎然,让课堂成了舞台。笑声、掌声带来的是学生的成就感、自豪感,教师的质疑与鼓励是朗读中最好的指引与肯定,和谐、民主、开放的气氛让朗读绽放无限魅力。

整堂课中,朗读与品味成为剖析文章的两把利器。学生有滋有味地品,兴致勃勃地读,在品中读,在读中品。肖老师像品酒师一样紧紧抓住三组含有“美丽的颜色”的句子,引导学生观察其语言风格,朗读其思想感情,品咂其丰富内涵。因为读、品,文字像一个个鲜活的细胞动起来了,文章像有血有肉的生灵一样活起来了。通过读、品,学生如在花间漫步,满身溢香;如海底探珠,满眼珍奇。心与心的交流变得如此和谐而丰盈,情与情的碰撞变得如此温情而浪漫。学生是幸福的,因为,他们在他的引导下邂逅了一次次惊奇、精彩和美好,感受到语文里有宽广博大的情怀、柔情蜜意的缠绵、前后呼应的布局、写人记事的精巧。

二、妙抓标点,巧用质疑

综观当今的语文教学,对文本内容的解读和重构远大于对文本言语形式的探究。即使重视言语形式方面的词语、句子或段落，但标点这一辅助文字记录语言的符号往往被学生或者教师忽略。

在肖老师的眼里，小标点有大文章。一个小小的标点也会有生命，也会蕴藏人物情感、心理、形象等诸多奥秘。他在评读“美丽的颜色”环节，就智用标点，巧用质疑，生成了意外的精彩。比如，学生朗读“看哪……看哪”一句，读得越来越响越来越急速时，他及时地提出质疑，要学生关注句中所采用的标点符号，紧接着追问不用双感叹号的原因，这一质疑立即让学生去探究特定情境下人物的心理活动和人物形象。这一细节角度之新、解读之妙令人叹为观止，不得不佩服于他对标点的敏感程度。再如朗读“不要点灯”，当学生品悟到要“读出一种小心”的感情时，他就提出“声音为什么不要大呢？句子结尾是个感叹号呀”的质疑，从而将品析引向深入，得出居里夫人对待镭像呵护孩子一样小心翼翼以及此处感叹号要重音轻读的结论。

巧抓标点，利用质疑引领学生深入地思考、探究、品析，让课堂别有洞天，演绎出别样的精彩。由此可见，标点也可以成为教学的资源，可以将学生的思维引向深入。

三、线索分明，精心选择

如何找到一个切入点，巧妙地串联起全篇？肖老师火眼金睛般地抓住了解读文本的关键词——“美丽的颜色”。首先，解读“美丽的颜色”，整体感知传记的故事内容和思想品质；其次，品读“美丽的颜色”，通过朗读、赏析等活动感受故事的生动性和人物身上散发出来的伟大光辉；最后，探讨“美丽的颜色”的写法，梳理出故事的真实性，挖掘出作品的感情。由此看来，“美丽的颜色”这一关键词成为解读文本的最佳抓手，既让传记的真实性、生动性和思想性特点在学生心灵里扎下根，又让居里夫人坚持不懈、吃苦为乐、淡泊名利的美丽人性潜移默化地流淌进学生心灵。

肖老师始终围绕文本特点和内容出发，确定需要教什么和不需要教什么，多角度地围绕关键词“美丽的颜色”进行分析、探讨、品味，体现出传记教学不同于其他文学作品的教学路径。语文教学不是箩筐，不是看到什么就往里面装的。当学生在开头猜读环节提出“钋和镭是什么”的问题的时候，他一方面对学生给予“他问的这个问题很专业化”的评价，然后用“有待于我们大家在以后的学习中慢慢去了解”一句话巧妙地走出超出预设的“意外”，避免种别人的地荒了自己的田。而在根据文体特点选择教什么上，毫不吝惜时间地抓住传记文学特点进行重点敲击打磨。整节课核心围绕“《美丽的颜色》是什么文体的文章”这一突出的、具有整合价值的主问题，让学生充分地了解传记的生动性、真实性和情感性。在核心教学内容得到凸显的同时，学生真正读了书，动了脑筋，产生了兴趣，得到了精神上的濡染和思想上的启迪。

总之，整节课始终传递语言文字的力量与美丽，给予学生以生命的滋润，馈赠学生以精神的养料。肖老师的课教得低调，教得精致，教得细腻，教得智慧，教得温情脉脉，如此课堂，怎能不暖？如此语文，怎能不美？

本文作者：孙开仁

流动美，流线美

肖老师的“猜猜看要问你们什么问题”和钱梦龙老师在教学《死海不死》时的“哪些知识老师可以不教”异曲同工，这一问题激活了学生的知识经验，如找到泉源，活力四射，学生学得主动积极，兴趣盎然，课堂也就盘活了，看似发散其实如流线一样高低起伏让人惊叹。学生觉得做“附庸”“寄生虫”没有意思，渴望建设，渴望贡献，教师也能基于学情确定要教的内容。

如流水顺势流动一样，顺着学生主动的“天马行空”乘势前进，在“美丽的颜色”的多义性及作用，主旨和句子的重要性都让学生找到的情况下，亮出了真正的问题——文体。对于自读课文，肖老师处理得真是机智！自读课文的难度也许不是很大，难的是怎么处理可能的“乱象”，怎么自然地找到抓手？学生可能回答得很乱，但“乱象”被老师处理成了阶梯拾级而上：“把我们刚才记录的这些词再一起读一读”“美丽的颜色——思想＋故事”“读书就是要关注文字”。因此，我们提问也可以从语言上去提问，“请你画出带有‘美丽的颜色’这五个字的句子”“不要老是沿用这种词语。我宁可你简单说热爱科学，热爱镭”。

这个“抓手”是抓朗读，抓好每个学生的参与性，你读我读大家读，读不出近真实性还得重读。在这一遍又一遍的吟融式的参与中，难以析出的科学家的“恬淡”“朴素”“安静”“沉稳”的品质也层层展示。丈夫比埃尔对妻子玛丽的关心、鼓励和温和都能通过“我不知道”来体现，对“它”——镭的如孩子般的期待要读出。科学家的“我真想知道它会是什么颜色？它会是什么样子？它的相貌如何？比埃尔，在你的想象中，它是什么形状的”的激动但不乏沉稳温和，学生怀有偏见和成见，可能会禁锢他们的理解，使他们看不到社会观点的逻辑。这些很难教，放在一般老师身上可能就放弃了，放弃的背后也许是对自己的不自信或没悟得。如果真正离开教参去习得去感动去滋养，我们也许离“幸福的教师”更近一些。

肖老师的语言很漂亮，可以“嵌入思想品质”的“嵌入”，“这篇文章一定有你读不出来的东西”的挑战，“哎哟，那我对快慢判断失误了”“我不知道（读得无奈失望）（大家笑，老师调侃：完蛋了）”的幽默，“没有什么比困难的环境中两个人互相搀扶，共同努力更让人陶醉甜蜜的了”“里面有一种感情，一种幸福，一种期待，一种甜蜜，一种成功的快乐，一种像对孩子一般的情感就出来”的深情，“同学们说得越来越像居里夫人了”的鼓励。

老师的课堂也会进行教学调整，不一定总是追求“安全”，在学生猜老师提的问题可能是“钋和镭是什么”的“预设外”时，老师肯定学生“科学专业”，并建议“这些有待于我们在以后的学习中慢慢去了解”；捕捉教学契机，学生质疑比教师释疑更重要：“请同桌回答这个问题……你离她这么近，你对‘居里夫人’的朗读满意吗”“再说说看，你读‘比埃尔’三个字的时候充满怎样的感情”“省略后，后一个是感叹号。考虑一下，为什么居里夫人说的话，和你不一样”“同学们思考一下，老师读的部分和你读的部分有怎样的关系”“既然引用可以达到这么好的效果，为什么发现镭的那个夜晚不引用（原话），而是全部采用描写？”

肖老师的浅文深交，引导学生思维最大化，追问孩子们“为什么把这句话喊得那么响”，引导孩子们再来一次“省略号也要读出来。这段喜悦漫长的时光，你要读出一点停顿感来”，深思考“居里夫人说话，为什么不全用感叹号？”老师化身为居里夫人，用居里夫人的言行和孩子们一问一答，然后孩子们就慢慢成了小居里，师生都是“美丽的镭”。一篇文章教学到如此深度，已是精致美丽。但肖老师真的是带领学生“向青草更青处漫溯”，就算是随时应试，学生的思维和反应也“厉兵秣马”准备好了。

本文作者：张小艳

悟 课 人

贵州省毕节市第四实验高级中学　吴长贤

湖北省汉川市韩集中学　孙开仁

浙江省杭州市蒲公英学校　张小艳

尤立增老师《胡同文化》课堂实录与研究

《胡同文化》课堂实录

【执教】河北省张家口市第一中学　尤立增

【上课时间】2008年4月18日

【上课地点】江苏省连云港市新海高级中学

师：雄伟的长城，威严的天安门，古老的故宫，美丽的圆明园，这些都是北京的名胜。在今天，北京的高楼大厦平地而起，鳞次栉比，它们体现了新北京的繁荣和商品经济大潮下的新文化。有没有人想到老北京的胡同呢？它们是旧北京市民文化的载体，正是这些名不见经传的小胡同酝酿出北京的大碗茶、京韵大鼓以及老北京人独特的性格。今天，我们就随着汪曾祺先生的笔触来体会一下老北京特有的胡同文化。

（采用多媒体教学，大屏幕出现文章题目、作者，背景是老北京胡同的建筑雕刻）

秦淑芬悟课：一提到北京，大家会自然而然地想到北京最具代表性的名胜长城、天安门、故宫、圆明园。尤老师就是从大家已有的认知经验出发，上课伊始就列出这些为人熟知的北京名胜，还用了“雄伟”“威严”“古老”“美丽”等高大上的修饰词，其目的就是和名不见经传的胡同形成对比。

张远超悟课：一个好的课堂导入，如春风拂面，会让人不自觉地沉醉其中不能自拔，这正是一堂好课的开始。而这离不开教师自身深厚的专业功底、丰富的生活阅历、高超的教学水平和精准的学情定位，看似信手拈来，实则需要教师的深思熟虑和精心设计。通过两组对比，将学生的目光集中在本课的核心“胡同文化”上，这样既拉近了学生和文本的距离，激起了学生的学习兴趣，也使课堂拥有了更加广泛的视野和独特的角度！

孟俊芳悟课：尤老师的课堂导入语，洗尽铅华，却素姿可人。在今昔名胜对照中，自然引出文章主要对象——胡同，简洁明快又水到渠成，“名不见经传”“大碗茶”“京韵大鼓”“北京人独特性格”这些词组合在一起，蒸腾出浓郁的传统京味给予学生充分的想象空间，看着幻灯片中北京胡同的老照片，未读其文，已入其境。

凤华悟课：汪曾祺先生的散文一向平淡质朴，选题又多从小处入手，似乎任何一种素材都可以拿来入文。对北京，外人记住的都是那些名胜，而他偏偏抓住了让他又爱又怅然的胡同来写。尤立增老师一上来的导入似乎也正是揣摩出汪老的心思，在介绍完北京的名胜后话锋一转“有没有人想到老北京的胡同呢”，进而提到胡同是旧北京市民文化的载体，顺理成章地提出了文章中涉及的“文化”，这也可见他对文本进行了深度的研读。

师：同学们，请看大屏幕“胡同文化”。一提到“文化”，也许有的同学就觉得深奥，很难把握。其实，文化可以体现得很具体，可以在很小很细微的方面表现出来。比如，喝茶是种文化，饮酒是种文化，穿着是种文化，同样，老北京的胡同里也存在着文化。

（同学们看着大屏幕，若有所思）

凤华悟课：“文化”是抽象的，它必须借助一定的具象才能得以表现，而一个地域特有的文化，就必须去打量这种文化依附的载体。汪老想要表现的是老北京市民文化，所以他选择了蕴含深厚北京文化的胡同。尤老师抓住了“文化”一词，将学生的视角又拉回到北京的大小胡同里来了。

师：这篇文章是谁写的呢？接下来就让我们来了解一下作者汪曾祺。

（多媒体出现作者的照片和文字介绍）

师：同学们请看，汪曾祺，现代著名小说家，师从沈从文，大家知不知道沈从文是谁啊？他的代表作是什么？

生：《边城》！（仅有一个女同学回答）

师：非常好！请大家记住《边城》这部作品，沈从文的创造风格恬淡自然，而作为他学生的汪曾祺也是这样，他的文字质朴、自然，给人以亲切自然的感觉。这篇文章既体现了他的这一语言特点，又比较口语化，也就是京味很浓重。同学们，你们所知道的作家中，还有谁是“京味”的代表呢？

秦淑芬悟课：在了解作者汪曾祺的时候，尤老师找准一个切入点，就是“师从沈从文”。从学生熟悉的著名作家沈从文的《边城》谈起，指出其创作风格就是恬淡自然。而作为他的学生，汪曾祺也理所当然地继承了老师的创作风格，文字质朴自然，给人以亲切自然的感觉。这样的教学环节真让人拍手称赞，由熟悉的沈从文切入，符合学生的认知规律。

生：老舍！（异口同声）

师：很好！老舍一生都在用北京话创作，他的作品也大都以北京为背景，比如戏剧《茶馆》《龙须沟》，小说《骆驼祥子》《我这一辈子》。除了老舍还有谁呢？（学生答不出）

师：老师给大家介绍几位，比如戏剧大师曹禺，他的京味代表作品《北京人》，当代作家刘心武，他的作品《钟鼓楼》，还有女作家霍达；尤其是霍达的小说《穆斯林的葬礼》，全书都以北京的语言风格创作的，是本很好读的书，同学们有机会可以读一下。（学生低头认真做笔记）俗话说：一方水土养一方人，而北京这方土地也滋养出了一大批优秀的作家，在南方也存在另一个创作派别，那就是海派作家，也就是以上海为创作背景的作家群体，比如我们熟知的张爱玲、王安忆，等等。

秦淑芬悟课：语文课堂不是单一地学习，是具有发散性的，举一反三，以一知十。尤老师由《胡同文化》这篇文章比较口语化，京味浓重，就顺势问同学们，还有谁是“京味”的代表呢？这是延伸性的思考，由一个人想到一类人，让学生由点及面。

孟俊芳悟课：由师生关系引出沈从文及其作品《边城》，由“京味”的语言特点拉出老舍、曹禺和霍达，再由派别扯上张爱玲、王安忆等，这“由点带面”的拓展功力，当真不含糊。

师：接着我们再回到汪曾祺这里来，他写作的语言平淡，但绝不是大白话，更不是白开水，绚烂至极归于平淡，朴素的文字往往能表达最深刻的含义，传递最真挚的感情。我的大学老师就曾经给我们归纳过作家创作语言的发展轨迹，他用了这样一个比喻——你刚学习写作的时候，写出来的话像白开水、流水账一样，没有颜色也没有味道。等你再学习一段时间，就禁不住把所有的好词都用上，以显示自己的文采，写出来的文章华丽鲜艳，就如同一杯葡萄酒。当你真正能驾驭语言了，你才发现平淡自然的文字最好，它看似如水一样没有颜色，实际上却是醇香的白酒。汪曾祺的文章语言就是这种风格，请同学们在学习中细心体会。最后，大家要记住汪曾祺的两部代表作《受戒》和《大淖记事》。

秦淑芬悟课：尤老师特别指明汪曾祺语言风格质朴自然，语言平淡可绝不是似白开水的大白话，是绚烂至极归于平淡。他用自己大学老师归纳的作家创作语言的发展轨迹三个阶段，用生动形象的比喻说明汪曾祺语言平淡自然，看似如水一样没有颜色，实际上却是醇香的白酒。朴素的文字，往往最能表达深刻的含义，这是作家驾驭语言的最高境界了。他对课堂驾轻就熟，知道学生的兴趣点所在。三个阶段生动形象，恰当说明驾驭语言的三个阶段，也让学生学会如何欣赏作品的语言。不是越华丽的语言越好，质朴自然才是最美。

师：好！同学们，介绍过了作者，让我们跟随作者一起走进这篇文章。请同学们看书下注释一，说这篇文章是作者为摄影集《胡同之没》写的序，但这篇小文，即使单独拿出来，也是很有韵味的，我们还可以称它为小品文或艺术散文。

凤华悟课：这是一篇为摄影集《胡同之没》所作的序言，“没”是指“消逝、没落”，汪老在拿到这样的一份杂志，翻阅一张张老旧的照片时，一定会不断回忆那些尘封的往事，而面对不断消逝的北京胡同，对传统文化情有独钟的他一定会生出万般无奈和惆怅，这可能就是把握这篇文章情感的突破口。尤老师没有忽略课下注释，他告诉学生这是一篇很有韵味的艺术散文，这就是教师强烈的文本意识，让学生一上来就明确了，不能把它看作一篇说明文字来读。

师：接下来，我请几位同学来朗读课文，读的时候注意语气要轻快，语速不要过快。别的同学读的时候，其他的同学要注意听，拿笔标出本文有多少段，并做整体的感知。看看老北京胡同有哪些特点？胡同文化的内涵是什么？作者以怎样的感情来描绘胡同文化的。好！哪位同学来读第一段？（几位同学举手）

孟俊芳悟课：课堂活动安排周全，每个学生都有任务，不会顾此失彼。下面挑选朗读人，男女生比率相同，并且间隔开来，及时到位地点评，这些细节体现尤老师丰富的课堂经验，和眼中有学生的教育理念。

凤华悟课：虽然是让学生朗读课文，但尤老师仍然有具体指导。比如语气要轻快，指导学生如何听读。然后，顺势提出解读这篇文章的三个主要问题，即老北京胡同有哪些特点？胡同文化的内涵是什么？作者以怎样的感情来描绘胡同文化的？这也是串联起本堂课的三个主问题。

师：好！你来读！（一名女同学朗读，其他同学看书静听）

师：好，请坐！我希望男同学能更积极一些，这篇文章某些段落很适合男同学来读的。（几名男同学举手）

师：你来！（叫起一名男同学接着读）

（全文共15段，共有14名同学朗读，男女比率相同，并且间隔开来，读完后及时订正错音字，适当给予鼓励，如不错，读得很有感情，挺独到，嗓音很好，很诙谐，这字应该这样读……）

师：课文读完了，同学们告诉我本文有多少段啊？

生：15段！（齐答）

师：对！我们要养成良好的阅读习惯，拿到一篇文章之后要先从整体上感知，厘清文路，再进一步分析。

秦淑芬悟课：语文教学是发声的教学，要求学生读出来，说出来。尤老师的语文课特别注重学生的阅读，回归了语文的本质。课堂上有齐读，有默读，有男生读，有女生读，有分角色读。他不惜花费大量的时间让学生读，通过各种阅读让学生熟悉文本，深入文本，思考文本。

师：好，我们来看。这篇文章脉络十分清晰，文章可分为三部分。一是写胡同的概况，二是写胡同文化的内涵，三是写胡同的最后命运。那么，这三部分是怎样划分的呢？（同学议论，并确定第1–4段为第一部分，第5–12段为第二部分，第13–15段为第三部分）

师：好，我们就来看第一部分——胡同概况。（点击多媒体，出示幻灯片）文章开头用了一个比喻句来描写北京城，大家一起告诉我，是哪一句？

生：北京城像一块大豆腐，四方四正。（齐答）

师：很对！本体是？

生：北京城！（齐答）

师：喻体呢？

生：大豆腐！（齐答，有的同学忍不住笑）

师：对！看，作者以大豆腐来比喻北京城的方正，平实而又自然，交代了北京城外观的特点。那么，作者写胡同为什么要从北京城写起呢？

凤华悟课：这一处尤老师的追问特别好！“作者写胡同为什么要从北京城写起呢？”这就是贴着文本前行，他在试着教会学生读懂文章隐藏在字面背后的意义。这篇文章，学生们也能粗略地读得懂，可是深层的意义可能确实需要老师指点。所以他适时地进行了追问，北京城的格局直接影响了北京人的精神世界，所以，必须得从北京城写起。学生的回答也再次印证了二者之间的联系。

生：胡同在北京城里啊！胡同是北京的胡同！（同学们各抒己见，毫不拘泥）

师：对！胡同影响了北京城里的北京人，北京城的四方四正也是北京人，同学们看，下一句作者怎样说？

生：北京人的方位意识极强！（齐答）

师：好！那么，北京城到底是怎样的方正呢？让我们来看一下幻灯片。

（点击多媒体，出现一幅北京地图）

师：同学们请看——北京城就被这一圈圈的环切割成一个个方形，而北京人就在这一个个方形中生活着。这里（指二环一带）是紫禁城，也就是皇宫，是城市的中心。而这里（指海淀区学院路一带），就是北京大学的聚集地，在这条路上有同学们向往的著名高校：北影、北航、北邮、地大、矿大，还有大学的象牙塔——清华和北大。同学们喜欢这里，就要努力奋斗，争取三年后来首都读书。在北京，只要你手里有张地图，一般就不会迷路，而在其他的城市就不一样了，这更说明北京城方方正正的特点。（同学们认真倾听，个个都聚精会神）

张远超悟课：新课改提出了教学的三维目标，即“知识与技能，过程与方法，情感态度与价值观”。尤老师在此处本意是要借助多媒体让学生感知北京城的“方正”，但在具体举例的时候有意把焦点对准了二环和海淀区学院路，前者

是政治中心，意义重大不可忽略，后者是学术中心，其中许多知名院校更是广大学子的奋斗目标，这样就把文本和生活结合起来。同时，又不失时机地鼓励学生努力奋斗，巧妙地将对学生的情感态度、价值观的培养落到了实处。毫无斧凿痕迹，尽显大家风范！

师：言归正传，正是一个个方形圈住了北京人，影响了他们的生活和思想。他们被局限在一定的框框中，变得中规中矩，对任何事情都不含糊。但方形的居住环境也使他们安分守己，守在属于自己的“框框”里，甚至一辈子都不敢突破不敢跨越。这就是所谓的北京城的方正影响了北京人的思想。

师：下一段是写什么？请同学们一起告诉我？

生：胡同名称！（齐答）

师：好，还不够准确，这段作者详细介绍了北京胡同名称的多种来源（点击多媒体，出现新的页面）。我请同学们用几分钟时间自读本段，然后告诉我，老北京的胡同名称到底有哪些来源？可以互相商量一下。

（同学们自读，有的互相商量）

师：好了！哪位同学能告诉老师答案？

（学生举手）

师：好！你来！

生：首先是计数。

师：好，举个例子！

生：例如东单三条、东四十条。

师：好！那么，这些用于计数的胡同名称能说明老北京胡同的什么特点呢？

生：北京的胡同很多。

（含糊，不很肯定的回答）

师：请坐！这些计数的胡同名称也可以看出胡同是很规整的，所谓的“条”就是计算胡同的量词。好，接下来！

（又有几名同学举手）

生：有的胡同原是皇家存物品的仓库。比如皮裤胡同、惜薪司胡同。

师：好！这又能看出胡同的什么特点呢？

生：这些胡同原来很重要。

师：正确！请坐！这就从侧面反映出老北京胡同的作用。接下来！

（又有很多同学举手）

师：你来答！

生：原先出过名人，如无量大人胡同、石老娘胡同。

师：好！请坐！这就体现出胡同里人民生活的淳朴。所谓的名人可能是很有威望，很有号召力或者很有影响的人，从这种意义上讲，普通的老百姓也可以是“名人”。

师：还有什么名称来源？你来！

（从举手的同学中叫起一位）

生：有的是行业集中地，如手帕胡同，表示以前这里的经济很繁荣。

师：非常好！请坐！这正是老北京胡同曾有的经济面貌——繁荣。还有呢？

（一名同学来回答）

生：象形！比如狗尾巴胡同。

师：请坐！象形——哦，很好。这位同学概括得精练，用词非常准确。形状相似也是胡同名称的一个来源。这个就比较简单了。最后一种老师来答，胡同庞杂纷繁，有些根本就无法说清楚名称的来由到底是什么，比如文中提到的大绿纱帽胡同。好了，我们清楚了胡同的名称来源，下面我们接着来看一下胡同的种类。浏览第三段，同学们一起告诉老师，胡同大体可以分为几种?

生：宽阔的和窄小的!

（齐答，但有一部分同学没有及时反应）

师：很对！同学们看，有一种胡同是宽阔的，这里是高门大院，是上等人的文化（点击多媒体）。而还有一种胡同是窄小的，他们是普通的民房，是属于老北京普通百姓的文化。正是这些平民百姓的文化才是胡同文化的主体，正是这些窄小的、简陋的、无名的小胡同才构成了内涵丰富的老北京胡同文化。

（学生听得很认真，仔细思考）

师：讲完了胡同的名称来由和种类，接下来，作者简单说明了胡同的好处。请同学们阅读第四段，然后告诉我，本段的哪些词语能概括胡同的好处?

（同学们看书，思考）

师：好！到这里，作者首先说胡同比邻闹市，易于购物，这是——说明住在胡同里怎么样啊？用书上的词回答。

生：方便！（异口同声）

师：好！方便！其次，作者又说胡同似乎离闹市又很远，这说明胡同——

（故意停顿）

生：安静！（齐答）

师：非常好！而在胡同里有着这样或那样的手工艺人，比如剃头挑子、磨剪子，这样的手艺人服务又使住胡同表现出什么好处？

生：繁荣！杂乱！热闹！生活完善！（各抒己见）

师：好！也不错！胡同，富有浓郁的生活气息和市民气息，是北京普通老百姓生活的场所。

师：大家找找看，文中还有哪些这样传神的京韵描写？

凤华悟课：这一段尤老师实际在教学生们如何读书呢。这其实还是源于教师内心的一种“文本意识”，那就是回归文本，时刻不忘文章，让学生在阅读的过程中寻找个人体验。

生：第 11 段中的对话：“还有个章法没有？我可是当了一辈子安善良民，从来奉公守法。这会儿，全乱了。我这眼面前就跟‘下黄土’似的，简直的。分不清东西南北了。”“您多余操这份儿心。粮店还卖不卖棒子面？”“卖！”“还是的。

有棒子面就行……”

师：好。请同桌之间分角色朗读，品味人物感情，然后表演。（学生表演，积极性极高）

师：注意，在这段话中有个省略号，请大家发挥想象，根据语境补上一句话。

秦淑芬悟课：尤老师让同桌之间分角色朗读，品味人物感情，然后表演。这一教学环节的设计，无异于在平静的湖水里投入一颗石子，激起层层涟漪。分角色朗读并表演，这是这个年龄段学生最喜欢的课堂活动。这一活动极大地调动了学生的积极性，充分体现学生是课堂主体这一理念。用有趣的课堂活动突出教学重点，推动课堂进程，激发学生思维，活跃课堂气氛，起到事半功倍的效果。

张远超悟课：好的课堂当有四种对话：教师和学生的对话，教师和文本的对话，学生和文本的对话，学生和学生的对话。这四种对话的完成，需要教师精心设计，合理引导。在这里，尤老师借助一个容易被忽视的省略号，通过让学生自己补充内容这一形式，巧妙地给学生提供了一个绝佳的平台。

凤华悟课：在很多名师的课堂上，读书成了一件奢侈的事，尤老师却力图扎根书本，不仅让学生在阅读中寻找那些传神的京韵描写，还注意到了一个标点符号——省略号，他让学生分角色朗读并进行表演，无形中就给学生创设了一个老北京的情境。

生：咱活着不就是为了个棒子面吗？知足吧！

生：穷忍着，富耐着，睡不着眯着！

生：忍了吧，您哪！（生笑）……

孟俊芳悟课：这个环节，体现了尤老师倡导的“转化教学论”的创新课堂模式，与“三步六环节”的节奏合拍。之前学生在老师问题的指引下，自读思索、筛选信息是第一步——发现、摘取，同学商量、师生对话是第二步——研讨、消化，而学生分角色朗读表演和根据语境补写句子是第三步——应用、创造。把课文探究、消化的权利交给学生，让学生成为课堂教学的主角，让他们的思维相互启发，思想的火花相互碰撞，方法智慧相互借鉴，取长补短，共同提高。

师：北京的胡同里上演过多少这样让人回味的生活剧

啊！可惜如今的胡同却在一步步淡出我们的视野，走下历史舞台。请同学们齐读最后三段，边读边画出关键句，看看作者对胡同文化的衰落、消失表达了怎样的感情。（学生齐读）

生：从怀旧、伤感、无可奈何中可以看出一种温柔的惆怅。

师：很好。但那是不是说汪老已经沉浸在这种苦闷中不能自拔了呢？从哪儿可以看出来？

生：没有，从“西风残照，衰草离披，满目荒凉，毫无生气”“在商品经济大潮的席卷之下，胡同和胡同文化总有一天会消失的”两句中可以看出。

凤华悟课：钱梦龙先生曾说：“要教学生认认真真地读书，老师就必须老老实实地教书。”尤老师让学生齐读文章，边读边画出关键句，并且要学生体会作者对胡同文化消亡的感情，这就是方法啊！尤其是追问——从哪里可以看出来，学生在细读的过程中慢慢地在寻找一种解读文本的适合自我的方法，形成一种读书的能力。

师：是啊！汪老耳濡目染了北京文化几十年，胡同不仅是他的生活家园，更是滋养他的文化土壤，那里的一草一木、一朝一夕无不蕴藏着传统文化的独特魅力，无不寄予着他对传统文化的浓浓眷恋。因此，无奈中有怀念，批判中有失落。但在商品经济大潮的冲击下，胡同必将走向衰落，这是历史的必然。对此汪老是达观的，他保持了一份清醒、一份超脱。

师：好吧，面对这衰落的胡同，就让我们道一声：再见吧，胡同！再见吧，胡同文化！再见吧，同学们！

（生笑）

生（齐）：再见吧，老师！

（生笑）

秦淑芬悟课：尤老师让学生齐读最后三段，并思考表达作者怎样的感情。尤老师结合文本，引导学生正确、全面理解作者复杂的情感，明确《胡同文化》有汪老对传统文化的浓浓眷恋，无奈中有怀念，批判中有失落。面对胡同必将走向衰落，汪老是达观的，保持了一份清醒、一份超脱。

张远超悟课：最后一句真是奇峰陡起。恰如《明湖居听书》中所说意境：哪知他于那极高的地方，尚能回环转折。本以为一节课就在两个“再见吧”后完成，且这再见的也只是文本和作者，胡同文化毕竟离学生的距离还是远了一些。

若这样结束，首尾呼应，中心明确，当然也是没有什么问题的。但学生依然是学生，老师依然是老师，课文依然是课文，相互之间少了一点联系。一句“再见吧，同学们”，把老师、学生、作者和文本连在了一起，从而让课堂少了一些严肃，多了一些温度，而这样的课堂，不正是我们追求的吗？

名师简介

尤立增，中学语文特级教师，现任河北省张家口市第一中学学术委员会主任、语文教研组长，全国青年教师研究中心理事、全国阅读与鉴赏学会理事。河北省普通高中会考命题语文组组长、河北省特级教师讲师团成员、河北省特级教师、高级教师评审委员会委员。曾获“全国五一劳动奖章”“全国师德标兵”“全国优秀语文教师”“全国十佳教改新星”“河北省劳动模范”等称号。

感知小胡同，品悟大文化

欣赏了尤立增老师执教的《胡同文化》，内心久久不能平静。整节课如行云流水，自然天成。像一位慈祥的长者娓娓道来，就这样淡淡的述说，讲着胡同，讲着北京人，讲着胡同没落的哀伤与惋惜。他的课没有刻意的渲染，没有花哨的铺垫，没有故作的激昂，只有学生的朗读，只有多重的对话，只有问题的思考，这就是明明白白、实实在在的课堂。

把读作为学生的基本功，作为语文学习的第一要素。钱梦龙先生曾说过，语文课堂读是基础，学生只有在读的过程中才能更好地积累语料，形成语感，悟得语言规律，发展语言能力。朗读在语文课上是不可或缺的一个环节。尤老师就特别注重学生的朗读。全文共 15 段，就有 14 名同学朗读，男女比例相同，并且间隔开来。这样的语文课充满了琅琅的读书声，众多同学的朗读奏响了语文课堂优美的旋律。学生才是课堂的主体，给他们一个舞台，放手让他们大胆尝试，他们会回报以精彩的表现。一个学生在朗读的时候，尤老师给其他学生布置了具体的任务，思考的问题。这样，学生不是盲目地听读，而是有目的、有思考地聆听。语文课就要让学生有目标意识，带着目标去学习，这样课堂才有效率，学生才有收获。

回归文本，用问题引领课堂，层层深入推进课堂进程。尤老师课堂的一个最大的特点，就是以问题的形式引导学生思考。一个个问题，让学生一步步走进文本，深入文本，感悟文本。《普通高中语文课程标准（实验）》指出：“发展独立阅读能力，从整体上把握文本内容，厘清思路，概括要点，理解文本所表达的思想观点和感情。”他就是依照课程标准，指导学生读一篇文章要先整体把握文本，厘清思路。他带领学生整体感知《胡同文化》，明确本文的三大部分：一写胡同的概况，二写胡同文化的内涵，三写胡同的最后命运。这样清晰的脉络，让学生对本文整体思路有一个宏观把握。又按照该文写作顺序，让学生思考胡同的特点？胡同名字的来源？胡同的好处？有哪些传神的京韵描写？作者对胡同文化的衰落、消失表达了怎样的感情？大问题，化为一个个小问题，不停地提问，学生跟随教师的思路不停地思考。语文课就是这样，不是空穴来风，不是无根之木，文本就是它的根。语文就是语言文字，作者用语言文字传达情感，读者就要通过语言文字去体会作者的情感，语言文字是作者和读者之间沟通的桥梁。

教学方法灵活多变，设计亮点精彩不断。尤老师整节课的课堂气氛是融洽和谐的，是民主安全的。学生在这样的课堂上是最放松的，思维也是最活跃的。语文课就是要让学生想得开，放得开。他巧妙运用各种教学方法，让课堂摇曳多姿。有初读文本时男女生间隔朗读课文；有重点段落体会北京人性格时，同桌之间分角色朗读。分角色朗读可是学生最喜欢的环节，看到自己朝夕相伴的同学，友情深厚的朋友扮演着不同的角色，心情分外舒畅、兴奋不已，这时学生的思维活跃达到最高点。分角色朗读，极大地调动学生的积极性，让学生有一个展示的机会，也让同学们之间增进了解。

尤老师课堂设计时不时让人眼前一亮。由具体可感就在我们身边的喝茶文化、饮酒文化、穿着文化，进而理解抽象深奥的文化，引出胡同里也有文化。在说明北京胡同方方正正的特点时，展示了一幅北京地图。北京城就被这一圈圈的环切割成一个个方形。真是令人赞叹，一幅地图让学生直观形象地认识了北京。在看到地图上海淀区学院路北京大学的聚集地时，尤老师又抓住时机对学生进行鼓励，“同学们喜欢这里，就要努力奋斗，争取三年后来首都读书”。这是一位长者对大家殷切的期盼，对祖国未来的期许。我想，这样的课堂似涓涓的溪流滋润学生的心田，让学生心底泛起层层涟漪。学生一定会谨记尤老师的嘱托，不辜负老师的期望。这样的课堂学生是有所感的，有所动的，有所得的，有所学的。

咬文嚼字细品文本，多重对话全面深入。《朱子语类》中说：“沉潜讽诵，玩味义理，咀嚼滋味，方有所益。”在语文的学习中，要让学生走进文本，自主诵读体会，潜心涵咏。学语文要善于咬文嚼字，咀嚼滋味。作品每一字每一句都是作者的精心构思，都是心血所在，作为读者的我们要用心体会、细细品味作者的深情用意。在研读文本时，不只读一遍，要反复读，细细品，才会有新的发现。在让学生阅读第四段时，尤老师让学生关注本段的哪些词语能概括胡同的好处。这就是让学生咬文嚼字，咀嚼滋味。他又抓住文本中“您多余操这份儿心。粮店还卖不卖棒子面？”“卖！”“还是的。有棒子面就行……”这里的省略号，让大家发挥想象，根据语境补上一句话。这个环节设置独具匠心。细品文本，咀嚼一下省略号的内容。根据文本中汪曾祺写到北京人精义是“忍”，省略的内容应该体现北京人的性格特点。一个细微处，设置巧环节。

汪国真说过：“凡是到达了的地方，都属于昨天。哪怕那山再青，那水再秀，那风再温柔。太深的流连便成了一种羁绊，绊住的不仅有双脚，还有未来。”作为一名语文教师，要知道语文教学永无止境。我们要不断思考，不断探索，不断创新，在语文教学的大路上携手并进，一路高歌，一路前行。

本文作者：秦淑芬

方寸之地大世界，一言一语总关情

北京于我而言，是陌生的、遥远的，也是神秘的。那里的大大小小或宽或窄的胡同以及附属其上的独特文化，于我而言，也是陌生遥远而又神秘的。而语文，或者说语文教学，于我而言，竟也有这样的感觉了。因为熟悉，所以陌生；因为太近，所以遥远；因为困惑，所以神秘。如果说语文的课堂是一场静静的绽放，那么就需要教师低下头，静下心，去发现，去总结，去探讨。幸运的是，我们的身边从来不缺少这样的人，而尤老师就属于其中的一个。

认真学习完他的《胡同文化》课堂实录，可谓受益匪浅，现将其梳理如下。

一、理念的正确性

我们的课堂经过很长一段时间的演变，其过程不可谓不艰，方式不可谓不广，力度不可谓不深，有没有效果，当然是有的，而且效果相当明显。正是这些探索和改革，让我们的教育少走了许多弯路，得以和时代接轨，和世界接轨，这是非常了不起的事。但有没有问题呢？答案也是肯定的！不但有，而且问题还不少。

语文这门学科和其他学科有很大的不同，其他学科更多的是关注“说什么”的问题，注重的是对某一个知识的阐释和传达；语文则更偏向于“怎么说”，更多的是关注说的过程和说的本身，这就决定了语文课堂应该有它自身的特色，不能用其他课来代替。

纵观尤老师教授的《胡同文化》这一课，可谓具有极强的文本意识。整节课从“胡同文化”入，通过一系列不同的方式组织学生多方位感知文本，探究文本，在感知中思考，在探究中发现，最后又从“胡同文化”出，一入一出，不偏移，不缩水，偶有扩展和延伸，也是有的放矢，一切围绕中心服务，这正是语文教学的本色。正是有了这样的文本意识，才能让课堂变得有了语文的味道，这是其他学科所不能代替的。

二、引导的适当性

在本节课的教学中，遇到需要学生注意的地方，需要学生掌握的知识，尤老师都会给学生明确地提出相关要求，如“请看”“请记住”“大家要记住”等语言就多次出现，明确地把教师的要求传达给学生；遇到学生了解不够的地方，老师又进行必要的补充，于是就出现了“老师给大家介绍几位”“还不够准确，这段作者详细介绍了北京胡同名称的多种来源”“最后一种老师来答，胡同庞杂纷繁，有些根本就无法说清楚名称的来由到底是什么，比如文中提到的大绿纱帽胡同”等语言；遇到需要明确要求推进课堂的地方，他并不忌讳使用一些平实的做法，如“我请几位同学来朗读课文，读的时候注意语气要轻快，语速不要过快。别的同学读的时候，其他的同学要注意听，拿笔标出本文有多少段，并做整体的感知。看看老北京胡同有哪些特点？胡同文化的内涵是什么？作者以怎样的感情来描绘胡同文化的”等。

行于所当行，引于所当引，在积极发挥学生在教学中主体地位的同时，亦不放松教师对其合理和适度的引导，这样就防止了课堂陷入无效混乱的境地，在教师的积极引领下，让学生有目的有收获地走向远方。

三、方法的熟练性

任何学科的教学都需要一定的教学方法，身为母语的语文当然也不例外，除常规的听说读写之外，还有许多属于本身特色的方法。可以说，任何一节课，教师必然要用到相关的教学方法帮助学生达到学习目的。但如何去运用它们，融合它们，则对教师自身的能力提出了一定的要求。真正高明的教师，不但能正确合理地运用不同教学法，还能做到浑然一体不露痕迹，这是一种行云流水的境界，是一种大匠不工的智慧。

尤老师在教授《胡同文化》这节课上，运用了朗读、提问、补充讲解以及借助相关批注和多媒体等多种方法。每一种都用得恰到好处，不蔓不枝。如“读”这种比较常见的方法就被多次运用，却不是简单意义上的重复，有初读、细读、品读、情读、单人读、多人读、角色读等，正是在这样对文本反复的不同角度的朗读中，使学生慢慢理解了文章韵味，领会了作者藏于其中的复杂情感。在这里的“读”已经不是普通的朗读，而是教师交给学生的一把打开知识宝库的钥匙了。

再如“提问”这种方式。在课堂上，既有大方向的设问，亦有局部的设问，一问中还有一问，学生回答后教师不失时机的追问等。如学习胡同名称的来源时，首先提出第一个问题，即让学生回答老北京的胡同名称到底有哪些来源；当学生回答后又抛出第二个问题，让学生举例说明；接着又提出第三个问题，这些用于计数的胡同名称能说明老北京胡同的什么特点。通过这样层层深入的提问，让学生进一步走入文本去思考，去探索。

四、平台的巧妙性

在教学中，有时候需要教师搭建一个平台，让学生通过这个平台更上一层楼，看见别样的风景，俗称“跳一跳”，也叫“摘桃子”。试以课堂此部分为例做一简单分析。

师：大家找找看，文中还有哪些这样传神的京韵描写？

生：第 11 段中的对话："还有个章法没有？我可是当了一辈子安善良民，从来奉公守法。这会儿，全乱了。我这眼面前就跟'下黄土'似的，简直的。分不清东西南北了。""您多余操这份儿心。粮店还卖不卖棒子面？""卖！""还是的。有棒子面就行……"

师：好。请同桌之间分角色朗读，品味人物感情，然后表演。（学生表演，积极性极高）

师：注意，在这段话中有个省略号，请大家发挥想象，根据语境补上一句话。

生：咱活着不就是为了个棒子面吗？知足吧！

生：穷忍着，富耐着，睡不着眯着！

生：忍了吧，您哪！（生笑）……

这处教学从表面来看，当是着眼于文中"传神的京韵描写"，但在教师高明的课堂设计下，最起码为学生搭建了两个平台：一是角色朗读，适度表演的平台。语文课堂本是文字的课堂，特点也在一个"静"字，静读静思静悟是我们一般的看法，但学生因其年龄的特殊性以及思维认知的局限，对“动”的事物更容易接受。课堂上合理的“化静为动”，借助一点影视知识，把文本当成剧本，把课堂当成舞台，形式新颖又不乏情趣，学生兴趣高，参与度高，感受深刻，这样的设计未尝不是一种成功呢。二是发挥想象，角色替换的平台。一般而言，作者、作品、学生，这三者虽然同时存在于课堂之中，但在大部分学生心中，自然而然地把作者和作品当作一种完全有别于自身的特殊存在，遥远的距离，熟悉的陌生，这些评价常常出自学生之口，这种泾渭分明的界限也绝非个例。但尤老师通过让学生自己补充一句话这样一个看似简单实则不凡的方式，巧妙地让学生自己当了一回作者，实现了学生和作者的身份对等，通过这种角色转换的方式拉进了学生、文本和作者的距离。

总之，课堂的精妙，应有其必然性，也应有其偶然性。因其必然，则显出教师运斤成风，匠心独运；因其偶然，则显出学生深入浅出，灵动如水。若处处皆在意料之中，则斧凿太重，当有过度操控之弊；若处处皆在意料之外，则只放不抓，难逃放纵无度之嫌。在这偶然和必然之间，在这一放一收之间，无不需要教师深厚的功底和高明的智慧。

教育是一门艺术，语文教学更是艺术中的艺术，充满无数未知的可能的变数。不忘初心，砥砺前行，应是每一个语文人永远牢记的宗旨。最后，借用一句话与诸君共勉：教学充满可能，同志们尚需努力！

本文作者：张远超

道通形外，杏坛尽从容

起初选取悟课篇目，着实纠结了许久，这首诗词我喜欢，那篇散文我也心动，这位名师的教育思想我想了解，那位名师的艺姿神采我也想领略。最终选择研读《胡同文化》课堂实录，原因有二：一是对京韵大鼓的莫名钟爱。先是杭天琪的一曲《前门情思大碗茶》，那半说半唱的自然气韵，婉转百回的独特唱腔，瞬间征服了我。后来改编自张恨水小说的电视剧《啼笑因缘》中，天桥唱大鼓的沈凤喜与樊家树之间凄美的爱情故事，以及凤喜最终的悲惨命运，更让这京韵鼓调渗入我心，自此缭绕不息。剧中沈凤喜的扮演者袁立手持木板，立于红艳大鼓后，边敲边唱的镜头，定格为凄美的化身，拨动了我内心最深处的情弦，启蒙了我最初的悲剧美意识。

二是对汪曾祺先生现世品格的仰慕。汪老这现世品格最突出的一个表现就是对俗世生活的执着与肯定，他对生活的热爱，有两个明显的兴趣点，即各地的风味吃食和风俗民情。

虽然这堂课没有视频，只有文字稿，可我在研读实录的时候，脑海中总能浮现鲜活、灵动、自由、深厚、温热、乐趣迭生的课堂实景，仿若看到一幅“道通天地有形外，师徒神交共从容”的美好和谐画面。是的，“从容”是我对这堂课最直接、最鲜明的感受。

一、从容源于高明的文本处理技巧

这是一篇现代文，是有关北京胡同的一本摄影集的序，全文共 15 个自然段，2000 多字。尤老师四两拨千斤，巧施奇招，使文本赏析推进有序、活色鲜香、生机盎然。整体感知环节，通过挑选的 14 名学生的轮流朗读，全体学生了解了文章的全部内容，教师借机提示整体阅读要养成的一个好习惯，随后又给出提示。让学生讨论划分段落。有了明确的提示，稍加讨论，学生们很快得出了结论。

接下来，具体赏析环节三个部分的处理最能体现尤老师的高深功力。赏析的内容有筛选、有详略、有侧重，第一部分精析，后两部分简析；朗读方式也不拘一格的是变化诸多，第一部分学生自读，第二部分同桌分角色朗读，第三部分齐读。尤老师特别善于筛选文本当中主题表现力强烈、结构链接性紧密的词句和段落，仿佛于茫茫沙海中轻而易举捡拾出含珠的蚌贝。

提问在课堂教学中是一种常用的手段。教师在设问中，激发学生的学习兴趣，调动积极性，从而让学生养成自觉探求知识的良好习惯。课堂提问运用得当，不仅可以帮助学生巩固知识，及时反馈教学情况，还能够激励学生积极参与教学活动，不仅可以有机调节课堂气氛，还能够启发学生思维，发展学生的心智技能和口头表达能力，促进学生认知结构的进一步优化。尤老师在这堂课中表现出了睿智的提问技巧。

1. 问“点”选择优化。“点”选得好，有赖于教师的日常积淀，依靠丰富的教学经验和敏锐的教学眼光。例如，在讲解第一段时，他从一个比喻句入手，引导学生明确本体是“北京城”，喻体是“大豆腐”，整个比喻形象地交代出北京城外观方正的特点，直接提问“作者写胡同为什么要从北京城写起呢？”平实无奇的一问，却如投石入湖，激起了学生各抒己见的喧腾浪花。

2. 问“时”掌握恰当。提问要掌握火候、时机恰当。教师要有意识地创设情境，以引起学生认知冲突，激发探究欲望。这种时机把握要充分依靠教师的引导，遵循学生年龄特征和不同心理。通过生动的导语，铺垫性的问题，帮助学生实现思路的“沟通”。例如，研读第二段，尤老师先让学生自读文段，说出胡同名称有哪些来源。有的学生回答用于计数，有的回答是皇家存物品的仓库，等等，每个学生说完，他都会追问一句“这体现胡同什么特点呢”，有效地拓展了胡同的认识广度，增强了胡同的文化深度，丰富了学生的感受，为后面学生理解作者面对胡同消失的复杂感情做了铺垫。

3. 问“法”运用灵活。鼓要敲到点子上，话要说到心坎上。提问要讲究方法，这是教学技巧，也是艺术。这个法要因人而异，因文而异，只有灵活地运用，才能保证学生的思维处于积极状态，智力得到充分的发展。综合看整堂课，尤老师提问没有漫无边际，也没有随随便便，更没有无病呻吟地问、画蛇添足地问。无论是对某部分内容的提问，还是某段内容的提问，都是用心设计过的，这些问题举足轻重，帮助学生对学习内容理解得全面透彻，达到“一箭双雕”“以一当十”

的效果。例如，归纳胡同好处的时候，尤老师问剃头挑子、磨剪子这样的手艺人服务使住在胡同表现出什么好处，点明胡同富有浓郁的生活气息，接着让学生们找一找，文中还有哪些这样传神的京韵描写。这样一个小问题，既起到承上启下的自然过渡，又引导学生快速找到了突出体现第二部分胡同文化内涵的主要内容；既与第一部分逐段赏读的方式区别开来，又通过对核心语段的品读，高效地完成了该部分的赏析任务。

二、从容源于恰切的学生活动设计

尤老师不忘初心，始终牢记“教育是‘铸魂’与‘雕龙’的事业”这一教学格言，坚定地践行“转化教学论”，努力追求把课上得“精致”起来。怎样才能追求课堂的“精致”呢?他认为有三点：首先是教师要有吃透教材的本领，其次要把学习的权利、发现的权利真正还给学生，最后是追求课堂的鲜活和灵动。什么是课堂的活跃?他认为：它不是教师个人表演的“脱口秀”，不是学生的流于形式的讨论，不是一节课中发言学生的人数；而是课堂中，学生的思维是否被教师激活，处于灵动的状态。

尤老师说有些课，尤其是参赛课为了营造一种所谓的活跃氛围，总是煞费苦心地安排一些没有实效的环节。要么韩信点兵式地满堂问，学生这个坐下，那个起来；要么没有目的地分组讨论。这种课堂看似活跃，实则效果不大。他强调，所有的教学方法都要为内容服务，为学生服务。

整堂课节奏急缓相间，松紧适度，师生互动，高潮迭起。研读实录时，我想有一处的学生活动应该是生发课堂精彩之所在，这便是对第二部分引自作者汪曾祺的小说《八月骄阳》中的那段对话的品读。寥寥数行的对话，尤老师设计了两个活动，先是让同桌之间分角色朗读，并进行表演，而后又让学生给对话末尾的省略号补写一句话。这样铺陈泼墨的处理方式，对惜时如金的课堂而言，可谓是大手笔、大气魄了。学生进行分角色朗读，特别是进行语句补写时，必定会联系上下文，体会、揣摩说话人的性情和心理，紧扣文本合理想象，不只能以点带面，通过这段对话带动对第二部分整体内容的把握，也能在教师预设的弹性空间里，实现阅读的内外转化，体会“创造”的快乐。

有人评价说：尤老师的课堂，方法与习惯并重，阅读与鉴赏一体，听说与读写同步；是真实的课堂，是理性的课堂，是实在、实用、实效的课堂，是大气、平和、深刻的课堂。想拥有这样的课堂，核心是要教师跟自己较劲儿，练好内功。庆幸加入了诗意语文团队，结识了全国各地众多优秀的语文同人，开始有方向性、有针对性地阅读教育教学理论，期待未来能如尤老师他们一样，从容施教，享受课堂。

本文作者：孟俊芳

老老实实读书，扎扎实实教学

很喜欢汪曾祺老先生的散文，尤其是《端午的鸭蛋》，不仅充满了天真的童趣，字里行间流露出来的对故乡、对亲人的怀念甚是亲切。

纵观汪老的文章，多是从小处入手，语言平淡而有味。这篇《胡同文化》也正是汪老平淡自然语言风格的代表作。

然而，这样的文章很多老师都反映并不好上，而尤立增老师却给我们做了一个极好的榜样。仔细品味，有很多地方值得我们学习。

一、精准的选择

对于散文这种形散而神不散的文体，很多老师都有种“无处下牙”的感觉，而对于语文教学来说，“教什么”远比“怎么教”更重要，有时候教学内容的选择直接决定了教学的意义和质量。

钱梦龙先生曾经说过：“语文教学必须回归语文学科本位，教学内容的选择不能过度关注文本的人文内涵，过于强调情感的熏陶和思想的启迪，轻视对文本语言材料的玩味涵泳。”

尤老师的这堂课一上来就抓住了标题当中的“文化”二字，纵观这一堂课的几个问题，无论是老北京胡同的特点、胡同名称的来源或者是有韵味的描写都是围绕着“文化”一词展开的。他引导学生从整体感知、厘清文路，再到进一步分析去逐步体会北京胡同里蕴含的文化味儿，让观课的老师也不得不惊叹：这小小的胡同里还真有着挺大的讲究呢！

二、扎实的教学

精准的教学内容必须依靠合理的教学环节。尤老师先引导学生抓住标题中的“文化”二字，他说：“一提到‘文化’，也许有的同学就觉得深奥，很难把握。其实文化可以体现得很具体，可以在很小很细微的方面表现出来。比如，喝茶是种文化，饮酒是种文化，穿着是种文化，同样，老北京的胡同里也存在着文化。”接着，他让学生通过听读来整体感知，并相机提出问题：老北京胡同有哪些特点？胡同文化的内涵是什么？作者以怎样的感情来描绘胡同文化的？

在14个学生分段朗读完课文之后，他指导学生厘清文章思路，这是对文章进行整体感知，也是考查训练学生的概括能力。接着，他让学生找出描写北京城概况的句子。学生们很快就找到了那句——“北京城像一块大豆腐”。这既是对北京城的概括，也是文章的第一句，同时也是了解北京文化的一把钥匙，因为第一段的末尾有这样一句：这种方正不但影响了北京人的生活，也影响了北京人的思想。

当然，北京胡同的内涵非常丰富，除了方正之外，光是各种胡同的名称就可以嗅到浓郁的生活气息和市民气息，于是，尤老师让学生用几分钟自读文章的相关段落，并问学生老北京的胡同名称到底有哪些来源？这些名称又有哪些特点？孩子们读着读着，渐渐发现这些胡同原来和老北京人的生活紧密相连。

在品味文章极具京韵的描写时，尤老师设计了一处颇有意味的分角色朗读，他抓住语段中的一处省略号，让学生发挥想象，根据语境补上一句话。这一设计可以说是本堂课的亮点，但对于教师来说，抛出这样一个问题是需要勇气和自信的，如果学生对文本解读不到位，极有可能冷场。事实证明，尤老师在这一环节的设计是非常精彩的，因为，学生的回答特别出彩，那地道的北京口语让观课者印象深刻。

所以，一堂课不光要看教什么，还要看学生学得如何；不光看学生的收获，更要看学生收获了什么，收获了多少。

三、老实地读书

“语文，老老实实地教会学生读书。”这句话，是钱梦龙先生说的。这看似简单的一句话，想要真正做到，却并非易事。尤老师的课堂就是对这一理念的实践。

先看“读书”，这是钱老强调最多的一个词，语文课说到底就是做读书的事情。现在很多的课堂，已经听不到琅琅的读书声了，而尤老师的课堂里一直穿插着不同形式的读书声。《胡同文化》一共15段，共有14名学生分段朗读，在学生分段朗读时，他抛却了花哨的技法，只是告诉学生：读的时候请注意语气要轻快，语速不要太快。

再看“教会学生读书”，当课堂上第一位女生读完之后，他开始激励班级的男生“我希望男同学能更积极一些，这篇文章某些段落很适合男同学来读的”。他还注意到男女比率相同，并且间隔开来，有读错的地方还及时订正错音字，并且给的评价也不是千篇一律的，比如“读得很有感情”“挺独到”“嗓音很好”“很诙谐”“这个字应该这样读”；同时，他还注意教给学生阅读的方法：“我们要养成良好的阅读习惯，拿到一篇文章之后要先从整体上感知，厘清文路，再进一步分析。”如果学生能这样长期地进行训练，那么，他们对文章整体把握的能力一定非常高。

接着看“学生”。钱梦龙还说过：“我始终认为学生才是学习、认识的主体，教师是不必代替也不能代替的。”在这堂课上，尤老师扮演的只是一个引导者，学生没有一味地迎合老师，我们在课堂中看到的是一种自然真实又平等的师生关系。比如，当他问“沈从文的代表作是什么”时，只有一个女生回答，而他也只是评价了一句“非常好”，就顺势给学生介绍了沈从文、汪曾祺先生的散文风格。

再如，当问到“胡同大体可以分为几种”时，学生回答“宽阔的和窄小的”之后，他并没有继续追问，而是顺势结合标题中的“文化”二字帮助学生理解这种“宽”和“窄”的胡同其实反映的是北京人的两种生存状态和两种文化（上等人和普通市民文化）。这一处的放弃追问是因为可能超出了学生的知识储备，尤老师没有过度解读而是在学生回答的基础上进行了适当的总结。

最后是“老老实实”。这是态度，也是语文教学的方法。我们来看尤老师是如何让学生进入文本的，“接下来，我请几位同学来朗读课文”，全文一共 15 段，先后有 14 位学生朗读了课文，这是很多老师甚至是名师都不敢在公开课上尝试的。可正是这种看似费时却又老实的读书方法，让学生很快确定了文章的结构，也正是有前面的这一番朗读，才有后面的各抒己见、积极参与。所以，一堂好的语文课，就应该给学生充足的时间去阅读、去领悟。

尤老师的这堂课亮点甚多，比如精妙的朗读训练、温暖的课堂评价、灵活的课堂形式……这些亮点的背后，是他参透文本、读懂学生、深谙语文之道的显性表现，绝非一日之功。而作为观课者的我们，也许要悟的理更多，要走的路更长。

本文作者：凤　华

悟课人

山东省德州市平原县第一中学　秦淑芬

陕西省安康市蜀河中学　张远超

河北省邯郸市第三中学南校区　孟俊芳

安徽省宁国市宁阳学校　凤　华

邓彤老师

《宝玉挨打》

课堂实录与研究

《宝玉挨打》课堂实录

【执教】上海市卢湾区教师进修学院　邓　彤

【上课时间】2005年7月

【上课地点】浙江省宁波市国际万里学校

一、梳理情节

师：今天我们来学习《宝玉挨打》。这篇课文节选自古典章回小说《红楼梦》，请问什么叫章回小说？

赵小越悟课：导入环节关于“章回小说”的问题切入，体现了邓彤老师对于文体学的重视。他认为，文本文体特征是与内容思想同时存在的，文体研究往往是通往文章思想内涵的重要通道。《宝玉挨打》是古典文学名著《红楼梦》中的一小部分，学生只有将部分放入整体中去感受，才会理解得更加明晰透彻。

王清丽悟课：以文体的特征切入，明确“体”的特点，瞬间调动了学生的思维，进入学习的“场”。

生：（纷纷搬出词典查找）章回小说就是把全书分成若干回，每回有标题，概括全回的故事内容。

师：善于借助工具书，很好。请大家务必注意，阅读章回小说有一个关键，那就是一定要认真研读每一章回的回目，这些回目往往是本章的要点所在。那么，《宝玉挨打》这一节在《红楼梦》原文中的回目是什么呢？有谁阅读原著时注意到这一点？有谁能够在黑板上为大家写出来？

（不少学生顿时沉默。看来，有些学生大概未看原著，有些同学看原著时可能对回目未加注意。忽然，有一位学生举手——）

生 1：老师，我记不全，可以只写一部分吗？

师：可以。

（学生上讲台板书：手足动唇舌，不肖种种……）

师：已经很不错了。虽然没有记完整，但基本上抓住了关键词。其实，老师在布置大家阅读原著之前，之所以没有事先提醒大家注意回目，就是想看看大家有没有阅读标题的意识，同时也是想给大家留下较为深刻的印象。现在大家记住了吗？今后读书，一定要关注文章的——

生：（齐答）标——题！

（教师接着补全回目：手足眈眈小动唇舌，不肖种种大承笞挞）

王清丽悟课：这个环节若是老师直接说出"回目"的名字，未免有一些硬"灌"的痕迹。而邓老师放手让学生来回答这个问题，在学生回答的基础上给予补全。一波三折，加强学生的印象，既培养学生的阅读意识，又把握了学情。

赵小越悟课：邓老师从学生对文本了解程度入手，在回目名称引入时并未直接呈现，而是采取提问方式，迅速调动学生阅读记忆。在学生经过思考后，教师再补全回目并作结，旨在培养学生阅读标题的意识。学习目标之一完美达成！

师：请注意“笞挞”两个字的读音；另外，“不肖”是什么意思？

赵小越悟课：“笞挞”和“不肖”是回目中的关键词，也是这篇课文《宝玉挨打》的关键词。这充分体现了邓老师利用文体学知识、注重文本阅读的素读主义教学理念。

生2：应该读chī tà，是“责打”的意思；“不肖”是“不争气、没出息”的意思。

师：可以结合课文内容解释这两句内容吗？

王清丽悟课：看似无心的安排，实则是匠心独运。“读音——词义——文意”。由一点而带动全身，真乃“牵一发而动全身”。由“笞挞”“不肖”两词，直指小说所选章节的核心。结合课文内容解释这两句内容，实则是厘清小说的故事情节。吾观于此，赞叹邓老师的精妙构思。

生：这里“手足”指的是贾环，是说贾环对宝玉怀恨在心，找到机会就害宝玉；而宝玉自己也有许多“不肖”之事，所以最终被父亲贾政痛打了一顿。

师：说具体些。

生："手足眈眈小动唇舌"指的是贾环利用了金钏投井一事乘机陷害宝玉。我想，贾环一定听到了一些风言风语，当贾政痛斥自己时，他一方面想为自己开脱，另一方面也想借机害一害宝玉。所以，就乘机诬陷宝玉调戏金钏致使金钏自尽。"不肖种种"的情形就更多了。最直接的原因，是宝玉与忠顺亲王府戏班的琪官蒋玉涵交往，致使亲王派人前来索人，令贾政又惊又气目瞪口呆；但深层的原因，却是父子之间始终存在的人生观的矛盾——父亲希望儿子经常与贾雨村接触长长才干，但儿子却对贾雨村之流厌恶万分。这次与贾雨村的会面，宝玉"全无一点慷慨挥洒谈吐"，早已令贾政大为恼火；还有宝玉由来已久的厌恶读书、专喜在"内帏厮混"的毛病……这些都让贾政痛心疾首！总之，宝玉的"不肖"大致有以下几条：结交、勾引王爷喜爱的戏子，调戏母亲的丫鬟最后导致出了人命，不爱读书、不愿与官场之人交往，成天与女孩子混在一起……

师：概括得真好，几乎没有什么遗漏了。不过，请大家想想，宝玉挨打的根本原因，是贾环的进谗还是宝玉的"不肖"呢？

王清丽悟课：抓住时机，切入要害，探究“宝玉挨打”的原因。“是……还是……”给学生抛出一个选择性的问题，让学生有话说，开拓了学生的思维，为个性化的解读提供了保障。

生3：我认为主要是由于宝玉自己的“不肖”。

师：为什么呢?

生：因为，上面所讲的几件事随便哪一件在贾政眼里都是难以接受的。即使没有贾环的陷害，等到忠顺亲王府来人索要琪官时贾政照样会痛打宝玉。况且，贾环所说的也不完全是无中生有，贾宝玉对金钏之死多少要负点责任的。其实，我觉得贾政对宝玉的不满由来已久，他想教训教训宝玉的念头早已有了，所以，这次几件事情聚在一起当然令贾政气急败坏怒火中烧了。而且，我觉得……如果我和宝玉一样成天不读书还早恋，我爸爸一定也会打我的!

（全班大笑，教师亦不禁莞尔）

赵小越悟课：此处明确体现了邓老师所坚持的读书方

式——素读主义。所谓“素读”，就是朴素地通过文学符号领会其内在蕴意，即纯原文、纯文本、纯静默的最本色阅读。邓老师由回目中“笞挞”“不肖”两个词语的字音与字义入手，由浅入深，仔细咀嚼回目，再根据回目来理解并细化全文，再引入对文本的探讨，是字——词——句——段——篇的层层推进，尊重学生的理解与感悟。

师：所以，你认为宝玉所作所为确实不好，该好好教育一下是吗?

生：对。

师：其实，不光你这么看，小说中的人也大多这么看。再请同学结合课文举例解释。

生 4：宝玉挨打后，宝钗说“早听人一句话，也不至今日……据我想，到底宝兄弟素日不正，肯和那些人来往，老爷才生气”，这几句话说明宝钗认为宝玉是该打的。

生 5：黛玉也这样认为的，（读）“半日，方抽抽噎噎地说道：‘你从此可都改了罢！’”

生 6：还有几处。袭人道：“论理，我们二爷也须得老爷教训两顿。若老爷再不管，将来不知做出什么事来呢！”

王夫人一闻此言，便合掌念声“阿弥陀佛”，由不得赶着袭人叫了一声“我的儿，亏了你也明白，这话和我的心一样。我何曾不知道管儿子……”

师：这一环节我们暂时告一段落，哪位同学总结一下刚才我们主要研究了些什么？

生 7：我们研究了宝玉挨打的原因和众人对宝玉挨打的看法。

赵小越悟课：此处，邓老师带领学生分析文本，梳理情节。从“不光你这么看，小说中的人也大多这么看”这一转折性话语来看，实际上是在学生与文本之间建立起对话体系，拉近学生与文本间距离。有名学生说的是袭人与王夫人的对话，并未体现在三十三回中，而是三十四回的内容。可见，学生对文本了解已超出课文范畴。对于《红楼梦》有一定阅读基础的学生，自然可以放宽思路，鼓励学生畅所欲言。

王清丽悟课：“条条道路通罗马”，教学设计更能体现老师的教学智慧。同样的目的，选择不同的道路会遇见不同的风景。教学亦该如此，教师带领着学生独辟蹊径，领略不同的风景。同样是梳理小说的情节，邓老师巧设问题、问题引入环环相扣，既活跃了学生的思维，调动了学生的积极性，又为学生的个性化阅读提拱了保障。

二、对比鉴赏

师：刚才我们研究了写什么的问题，下面，我们一起来分析一下“如何写”的问题。大家已经认真阅读了课文，对课文内容有了较好的了解。现在我们一起来看一段录像，这是越剧《红楼梦》里有关“宝玉挨打”的片段。

（教师播放录像）

王清丽悟课：用视频的画面代替了文本的细读，是否脱离了语言文字，架空了文本呢？但仔细想来，有时候适时地在语文教学活动中运用非语言的活动，比如音乐、视频、画面等，会有独特的作用。若是在学生熟读文本之后，再看与节选文字相关的越剧片段，会加深对文本的理解。充分运用文本的材料，在两者之间对比分析，考察学生的观察力、分析鉴赏能力。

师：越剧《红楼梦·笞宝玉》中的情节安排、人物表现与原作中的有什么不同？

赵小越悟课：学生已经掌握了《宝玉挨打》原著情节，接下来，通过与越剧《笞宝玉》的对比鉴赏来突出对文本细节的理解，这也是邓老师关于文体学教学理念的体现。细节通常是文学作品中的精华所在，如果不用此形式，恐怕也不能很好地突出人物形象。

生 1：《笞宝玉》中，宝玉挨打的原因只剩下一条，那就是琪官事件。

生 2：删去了王夫人哭宝玉再哭贾珠的内容。

生 3：聋老婆子的一段插曲没有了。

生 4：还删去了李纨听到王夫人哭贾珠后失声痛哭的情节。

师：不错，这都是删去的。那么，改编者为什么要这么删呢？

（学生思考，一时无人发言。教师点拨）

师：请大家注意小说与剧本的区别。

生 5：是不是因为越剧演出一般只有个把小时的时间，不允许涉及大量复杂的情节？

师：很好，这是从时间角度考虑的。

生6：还有，小说比较自由，可以一会儿写到屋内一会儿写到屋外，一会儿写到昨天一会儿写到今天。剧本演出就只有从一个地点来写，不那么自由了。

师：（赞许地）大家知道吗？两位同学已经涉及戏剧理论的根本问题。根据戏剧理论中有一个“三一律”：在一天时间在同一地点演出一个完整的故事。因为舞台时间、空间的限制，《笞宝玉》中许多情节都删去了，虽然丰富性减弱了，但主线也因此凸显了。也算是各有利弊吧！刚才大家重点讨论的是改编者的删削。请问，《笞宝玉》中有没有增加什么内容呢？

王清丽悟课：“越剧《红楼梦·笞宝玉》中的情节安排、人物表现与原作中的有什么不同？”开放性的问题，全方位地调动了学生的思维。观察、思考、判断、对比，表面看是对文本细节的关注，实则是对学生思维的锻炼。比对之中，学生更明了了小说中的细节描写；比对之中，更加深了学生对文本的印象。

生7：增加了贾政的一段唱词。

（有学生发笑，发言学生似乎有些窘迫）

师：（充分肯定）大家以为这段唱词无关紧要吗？其实，这也是一段脍炙人口的唱词，与越剧《红楼梦》中“天上掉下个林妹妹”“哭灵”（“林妹妹我来迟了”）一样一直被人们所称颂。

师：（展示以下文字）大家读读看，体会这段唱词道白有什么作用：

（唱）你，你，你，你不能光灿灿胸悬金印，你不能威赫赫爵禄高登，却和那丫鬟戏子结朋友，作出了玷辱门楣丑事情，不如今日绝狗命，免将来辱没祖宗，败坏家业弑父弑君。

（白）给我狠狠地打！老天，天啊，想我贾府诗礼缵缨之族，富贵功名之家，竟出了这个不忠不孝的孽子。

赵小越悟课：由越剧《笞宝玉》与文学作品《宝玉挨打》不同文化形式的对比分析出小说与剧本的区别，这是由特殊到一般；再由小说与剧本的不同到后者的“三一律”推出增添了贾政唱词，进而体会唱词作用，这是由一般到特殊。课堂上戏剧形式的拓展，目的都是为了促进学生对文学文本更深层次的理解。

生 8：我觉得这是贾政的心理活动。如果没有这段唱词，就难以体现他对儿子极度失望、极度愤怒的心理。

生 9：不仅仅是失望、愤怒，我觉得还有伤心，还有自责——好像是在愧对列祖列宗。

生 10：这段唱词还暗含了宝玉的行为和父亲对他的期望背道而驰。

师：所以，接着贾政痛打宝玉也就有根有据了。现在，请这个问题的发现者总结这段唱词的作用。（教师示意生 7）

生 7：这段唱词，交代了人物心理、暗含了人物思想的冲突，还推动了情节的发展。（同学鼓掌）

王清丽悟课：聚焦贾政唱词，人物心理在唱词，挨打原因在唱词。唱词里，把宝玉挨打的深层原因说得明明白白、清清楚楚。既明白了“严父教子”良苦用心，又懂得了贾政失望愤怒、矛盾复杂的心情。本环节的设计，很好地回扣了上一环节，深层次地回答了宝玉挨打的深层原因，便于理解小说的主题。

师：还有与原著不同之处吗？

生 11：在原著中，贾母是先痛骂一顿贾政，然后再查看宝玉的伤势；《笞宝玉》中却是先看宝玉的伤势，然后再斥责贾政不该如此痛打宝玉。

师：你觉得这样修改好吗？

生11：我说不准。不过我觉得不改也行。好像两种都不错。

生12：我觉得还是修改的好。

师：（饶有兴味地）说说理由？

生12：我觉得，贾母既然那么疼爱宝玉，当看到宝玉被毒打的时候，按人之常情，她一定首先想了解宝玉伤势如何，而不会想着先去骂贾政。而且，当她看到孙子被打得那么严重，然后再痛骂贾政才合情合理！（多数学生点头同意）

王清丽悟课：贾母骂贾政，“看后才骂、没看就骂、看后更骂”，把玩细节，体现了学生发现问题的能力，鼓励学生谈出自己的感受，抓住细微之处，仔细品读。

师：分析得多好啊！阅读文学作品就应该这样：抓住细微之处仔细品味，联系生活经验设身处地体验人物情感。要走进人物的内心深处。

王清丽悟课：对比阅读：1. 学生找出删掉的内容。2. 增加的内容。3. 贾母的“骂”。文本内容与视频对比中，反而加深学生对文本的印象，特别是那些细节处，通过比对，更加凸显出来。

赵小越悟课：邓老师在教学设想中谈到，这节课总的目标不外是：使学生实实在在进行一次文学鉴赏活动。在此环节中，邓老师时刻不忘交给学生文学鉴赏方法，围绕两种文学形式对“贾母痛斥贾政”与“察看宝玉伤势”的不同顺序进行了讨论，顺着学生思路走，最后落脚点放在如何阅读文学作品上，几个关键词就是细节、设身处地、内心深处。

三、漫谈感受

师：最后，请大家用一句话表达自己阅读时感受最深的一点，然后由大家确定最有价值、最有兴趣者加以讨论。

赵小越悟课：邓老师的课堂始终体现着良好的师生互动。教师说得少，学生说得多。教师从来没有固定答案，而是将主动权留给学生，以座谈会的形式让学生畅所欲言。表达自

己阅读时感受最深的一点，是站在学生维度考虑的，充分尊重学生个人思想，会发现许多智慧闪光点！

生 1：我感触最深的是“李纨的眼泪”。李纨青年丧夫，抚养遗孤，绝对是一肚子苦水的苦涩。不过，她从来不把自己的伤痛表露在外面罢了。她能忍，她能熬，她能守！但，这绝不代表她不痛！果然，就在宝玉挨打之后，王夫人的一声哭喊揭开了李纨的心闸。“王夫人忽又想起贾珠来，便叫着贾珠哭道:‘若有你活着，便死一百个宝玉我也不管了……’王夫人哭着贾珠的名字，别人还可，惟有李纨禁不住也放声哭了。”这是我们唯一一次看到李纨的眼泪。你看，“禁不住”“放声哭了”这两个词用得多么好！“禁不住”说明这个表面平静的寡妇忍耐了好久，压抑了好久！“放声哭了”说明这个表面平和的寡妇多么委屈，多么痛苦！我觉得，最大的委屈是一种说不出口的委屈！最深的痛苦是一种不能言苦的痛苦！

生 2：宝玉的体贴与黛玉的无奈。宝玉挨打后，黛玉悄悄来探望。宝玉疼痛难忍支持不住，还这样对黛玉说道：“你又做什么跑来！虽说太阳落下去，那地上的余热未散，走两趟又要受了暑。我虽然挨了打，并不觉疼痛，我这个样儿，只装出来哄他们，好在外头散布与老爷听，其实是假的，你不可认真。”此时，林黛玉虽不是号啕大哭，然越是这等无声之泣，气噎喉堵，更觉得厉害，听了宝玉这番话，心中虽然有万句言辞，只是不能说得，半日方抽抽噎噎地说道：“你从此可都改了罢！”宝玉虽疼痛难熬却还装出不在乎的样子来安慰黛玉，心里只记挂着黛玉单薄的身体怎么禁得住暑热。发自内心的怜惜就这样弥漫在宝黛之间，怎么不令敏感的黛玉感动呢？黛玉与宝玉思想感情相通，从来不说仕途经济之类的“混账话”，然而此时她看着疼痛煎熬的宝玉，心中只希望从此不再遭受老爷的毒打。唯一的解决办法就是让宝玉“改过”！黛玉说这话只是出于无奈！那一份深情在她心里千转百回，都化作一句话：“你从此可都改了罢！”那是一份执爱的心，毫无做作而发自肺腑。

生3：我想说的是：我理解贾政，理解一个父亲的心！（学生反响强烈。教师示意学生安静，继续要求学生表达自己的看法）

生4：我读了宝玉要聋老婆子搬救兵，聋老婆子的一段话让我感触很深。虽然只是她的打岔，但她表达出的态度让我震惊："有什么不了的事？老早的完了。太太又赏了衣服，又赏了银子，怎么不了事的！"对一个人的自杀竟然可以这么冷漠！

（学生似乎已经暂时无法提出问题）

王清丽悟课：漫谈感悟，实则是尊重学生的感悟，引导学生以独特的视角品味语言、解读文本的过程。原哈佛大学校长埃利奥特曾说："真正的教育目的是使个体的能力得到最大限度的发展。"尊重学生的个性，尊重学生的真实体验，就是要让老师给学生创造和谐开放的氛围，鼓励学生大胆说出与众不同的发现和深刻独到的见解。

师：大家的问题，看来主要集中在这几点上了。现在，我们进入具体阐释阶段。由于时间关系，我们只能听一位同学的阐释，大家最想听谁的？

（学生七嘴八舌，最后多数表示希望听听生 3 的阐释。教师示意生 3 发言）

生 3：（胸有成竹地）粗看《红楼梦》时，贾政给我留下了暴君的形象：实施家庭暴力、独裁专制、自私狭隘、无才无能……几乎一无是处。但细读了第三十三回，我倒是颇同情身为人父的贾政的一片苦心，他曾给我的“恶魔化”形象也大大改观了。首先，在这个章回里，贾政的主要身份是一位父亲，不同于在别的章节里的形象，在同僚面前，他是老奸巨猾的政客；在门客面前，他是礼贤下士的伯乐；在下人面前，他更是不可一世的君王……不管在这其中哪一个场合，不管他多么娴熟老练地表演变脸，他的形象都是油滑、藏奸、虚伪的，令人可憎。而这次被逼上墙角的贾政，关起门来痛打儿子，这面具也不用戴了，完全只是个愤怒痛心的父亲。且不管他在其他场合的作为，至少在这一刻，他就让我恨不起来——因为他是一位父亲。

生 3：忠顺亲王府的长史官来见贾政，这一段他还戴着官场应酬的面具，虽是惊疑但仍能赔着笑脸沉着应对。但待宝玉老实交代，长史官匆匆离去之后，他“气得目瞪口歪”，接着就喝令拿下宝玉，开始实行一个父亲的权力了，恨铁不成钢的痛心浮于纸面。待到贾环火上浇油地进谗后，他先是“气得面如金纸”，然后见到宝玉是“眼都红紫了”，他望子成龙却不想儿子竟做下如此“败坏门风”之事，这时候他的心情是又羞、又恼、又恨、又痛，他的愤怒到达了理智难以克制的极限，唯一发泄的办法便是将宝玉痛笞一顿。不管贾政打得有多重，下手有多狠，他所承受的痛苦绝不轻于宝玉，作为一个父亲，在儿子身上打下一鞭就等于在自己心头抽了一鞭，是痛彻心肺的。虽然遭笞的是宝玉，但最痛苦的还是他。对于宝玉的无限期望及宝玉的不肖终使他痛下毒手，其实痛的还是他自己；而溺爱宝玉的王夫人和老太君却与贾政针锋相对，难堪的还是他自己。总之，是落了个里外不是人。

生 3：这一节中贾政的辛酸、压抑和痛苦失望都化作了泪水。“贾政听了这话，不觉长叹一声，向椅子坐了，泪如雨下。”这一句中省略了人物多少复杂的心理，一个“叹”、一个“泪”，苍老无助的贾政此时是令人同情的。不难想象他是如何跌跌撞撞地倒坐在椅上，以及浊泪无声地纵横在皱纹密布的脸上。这时的贾政既不是政客，也不是主人；没有藏奸，也没有傲气，只是一个失望无助的父亲，一个令人恨不起来的父亲。随着王夫人哭叫着贾珠的名字时，“贾政听了，那泪珠更似滚瓜一般滚了下来”，这时的贾政更是一个念及亡子，心疼宝玉的父亲，他不是一个铁石心肠的人，能触动他内心最柔软最敏感处的还是珍贵的亲情。从这点来看，贾政还是一个重亲情、负责任的父亲，对于这样一位流泪的父亲，不能不体会他身为人父的一片苦心。

生 3：最后老太君出场，贾政是“又急又痛”，被太君痛斥后还得叩头哭着谢罪，身为人子的他全然又是一个标准的孝子。

生3：第三十三回中的贾政，应该是个最本色的贾政，没有面具唯有真性情。在这一回里，他是一个严父又是一个孝子，承担痛苦和压力最多的是他，他的泪水令人动容，可怜天下父母心。第三十三回里的贾政，无论如何也叫我恨不起来——因为他的泪水，因为他的苦心。（学生鼓掌）

师：（举起该同学的读书笔记）刚才他的发言，都来自他的读书笔记。这里记录了许多他阅读时的感受、体会。他善于用笔记下自己的心得，用笔整理、深化自己的心得。这是一种十分有效的阅读方法。希望大家向他学习。

（下课铃响，学生涌向该同学）

赵小越悟课：这一环节，邓老师将讨论方向与思路主动权交给学生。因为面对的是选修班同学，学生在平日都有写读书笔记的好习惯，所以谈起来能够游刃有余、娓娓道来，这在其他普通课堂上是不可复制的。这种从学生维度出发的教学思路，一直是新课标大力提倡的，教师不应该在文本解读小径上为学生披荆斩棘，而应该让学生主动寻出一条属于自己的鲜花大路，这样才能实现文本多元化教学，培养出具有创新意识和独特个性意识的优秀人才。

王清丽悟课：邓老师的这节课，堪称阅读课中最美的风景。学生不仅要有阅读的过程，还要有感悟的过程，更要有表达自我认知的过程。从文字到思维，从观察力到思维力，一步一步培养学生的语文素养。在授课中，他着眼于阅读方法的培养，不管是巧抓标题也好，还是鼓励学生写读书笔记，都是在培养学生的阅读意识。这是一节好课，让人震撼。我既感叹于他精妙的构思，又折服于他的教学智慧。

名师简介

邓彤，教育学博士，中学语文特级教师，北京大学语文教育研究所研究员，教育部“国培计划”专家，曾获全国课堂教学大赛一等奖、全国优秀教师等荣誉。任职于上海市黄浦区教育学院。发表论文百余篇，出版《邓彤讲语文》《文本解读与文体写作》《中学生读红楼梦》等专著。自 1990 年开始在中学开设《红楼梦》导读课并产生较大影响，阅读教学方面有“素读”阅读主张，写作教学方面有微型写作课程研究等。

用智慧建构最美的课堂

用心研读了邓彤老师执教的“《宝玉挨打》之提高版”课堂实录，为之赞叹。既惊叹于学生精彩独到的发言，又赞叹邓老师的教育智慧。学生深度预习、撰写读书笔记，教师尊重学生的阅读体验，营造轻松的课堂氛围，是建构最美课堂的保障。

本节课所面对的学生是邓老师开设的“《红楼梦》导读”选修课的学生，他们对文本内容已经有深度的预习，甚至撰写了相关的读书笔记，所以才会在课堂上掀起层层波澜。若没有深度预习，学生岂能从细微之处见李纨的“心匣”，若没有撰写读书笔记，学生何以在“漫谈感受”板块，精彩解读贾政之人物形象。最美的阅读课一定是建立在学生娴熟而独到的见解之上的，而娴熟独到的见解势必离不开学生对文本的深度预习、深度感知。所以说，学生的深度预习、撰写读书笔记为精彩课堂提供了保障。

邓老师在课堂设计里说："教师尊重学生的个性特征及独特体验，引导学生以自己独特的视角去解读、品味、营造氛围让学生畅所欲言。"这样的教学理念里散发着一个教育者对学生的尊重，是邓老师教学智慧的体现。他用"尊重"为学生建构一个和谐开放之"场"，在"场"中，学生大胆地说出自己的见解。好的语文课堂要有学生的声音，要鼓励学生说，更要鼓励学生有质量地说。

在邓老师的课堂上，学生的思维犹如奔腾的骏马自由驰骋。教师给予尊重，让每个学生的生命都自由绽放，这就是最美的课堂风景。

教学的过程，是师生共舞的过程。学生的深度学习，老师用尊重营造轻松的氛围，是建构最美阅读课堂的保障。当然，邓老师的智慧还体现在处理文本、巧设问题、灵活教法等方面。下面，我将从以上几点浅谈我的认识。

一、删繁就简、精妙透彻的文本处理

1. 关注文本，删繁就简

处理文本的能力，或者解读文本的能力是教师智慧的体现。《宝玉挨打》突出表现了父子两代的封建思想和反封建思想不可调和的矛盾。在这小小的家庭矛盾中，情节错综复杂，人物繁多又各具性格。如果面面俱到，唯恐落到“广种而薄收”的境地，如果咀嚼人物形象，又怕落得个窠臼显得“俗套”。该如何处理文本？这就显示老师的教学智慧。邓老师曾这样说：“教师只有善于放弃，才能选择最关键处供学生品味、探讨、沉潜涵泳。”邓老师这节课删繁就简，大胆舍弃了探究主题，没有匍匐在文字之上品人物赏情节，而是高屋建瓴，点面结合、删繁就简，彰显了邓老师对文本拿捏的智慧。

2. 关注学情，整合内容

教师的眼睛，一只应该关注文本，另一只应该关注学生，目中无学生的教学只能称之为“教”，而非教学。也就是说，关注学情的教学才是有效的教学。邓老师教《宝玉挨打》有两个课堂实录，一名曰“初级版”，一名曰“提高版”，前者是示范课，无法接触学生；而后者则是他开设“《红楼梦》导读”选修课的学生，对前者的学生他知之甚少，而对后者的学生他却是相当了解。前者关注故事情节、文本细读、嚼文字、觅情感，而后者在学生深度预习、撰写读书笔记的基础上对比分析。两种课堂实录，不同的学情，绽放不同的光彩，显示邓老师的教学智慧。关注学情，整合教学内容，这样的阅读课堂才最美丽。

二、巧设问题，牵一发足以动全身

1. 切中肯綮，以简洁的线条牵动丰富的信息

邓老师的这节课教学线条可谓简洁，但简洁的线条所牵动的信息却很丰富。这样的简洁之美，得益于其巧妙的问题设置。一个点，一条线，三个板块，层层推进。比如，在梳理情节板块，巧抓“答挞”“不肖”两词为“一点”，由“读音—词义—文意”，“结合课文内容解释这两句内容？”“宝玉挨打之后周围人是如何看的？”为“一线”，由一点带动全身，既探究了宝玉挨打的原因，又明了了宝玉挨打后周围

人的反应。问题的设置，真乃“牵一发而动全身”。切中文本的核心，以问题层层推进，以简洁的线条拉动最丰富的信息，才能有效增大课堂的厚度，让学生跳一跳、吃一吃，既吃得饱，又能吃得好。

2. 激发兴趣，引发学生探究的欲望

邓老师钟情于设置能够引发学生探究欲望的问题。在对比赏析环节，他启用越剧《答宝玉》，试图调动学生探究问题的欲望。“有没有删去的内容？”“有没有增加的内容？”“还有与原著不同的地方吗？”在比对的过程中，不仅让学生饱尝一场视觉盛宴，还唤起了学生对文字的敏感力，激发学生学习的兴趣。他以最轻松的形式，让学生得到最有分量的收获。课堂的问题设置应该考虑调动学生的兴趣，引发学生对知识的渴求，培养学生对文字的敏感力，促进学生的长远发展。这样的教学智慧，让学生真正地动起来，有思考、有对话、有声音，这样的课堂流淌着师生的智慧，是课堂最美的风景。

三、教法灵活，让语文课堂充满语文味

复述情节。邓老师的这节课，方法可谓灵活多样。其中，复述情节这一环节让课堂显示了语文味。邓老师让学生结合文

章内容探讨“笞挞”原因，其问题设置的实质是厘清小说情节，鼓励学生回归文本，用自己的话复述情节。这种有目的、有指向性的说，其实是训练学生语言能力的一种有效途径。复述的目的，除了促进学生对文章内容的理解和记忆，更重要的是帮助学生积累语言、构思文脉，对文本进行再次研读，既锻炼了学生语言表达的能力，又锻炼了学生整合文章内容的能力。

巧用对比。观看越剧《红楼梦•笞宝玉》，初看此环节，用视频的画面代替了文本的细读，是否脱离了语言文字，架空了文本呢？但仔细想来，有时候适时地在语文教学活动中运用非语言的活动，比如音乐、视频、画面等，会有独特的作用。这样的匠心安排，表面看是对文本细节的关注，实则全方位地调动了学生的思维、观察、思考、判断能力，开拓了学生的视野，拓展了课堂的厚度，让语文课堂充满语文味。

每每研读名师的课堂实录，总是惊叹于他们的教学智慧。这些优秀的语文人，用他们的智慧给我们建构了最美的语文课堂，描绘了富含语文味的美丽图景，邓老师的课堂尤为如此。研读名师的课堂实录，才深深地懂得了学无止境的道理。我渴望成长，渴望“见山仍是山，见水仍是水”的境界。

本文作者：王清丽

“根据地”下的难以复制

初读邓老师的这篇课堂实录，让我印象最深的有两点：其一，邓老师的对比阅读颇具特色，采用戏剧与小说的文体对比加深对人物形象的理解；其二，学生从头至尾所体现出的文学素养颇高，尤其是漫谈感受环节，观点不俗、见解独特而有深度。

当我再次读这篇实录时，是在《邓彤讲语文》一书中。阅读后才知晓，这是教学实录之提高版，面对的学生群体为开设“《红楼梦》导读”选修课的学生，而邓老师十分重视学生在阅读期间撰写读书笔记。

原来如此！这让我对邓老师的崇敬之情更加深厚了。

带着这种崇敬，我在网络与微信平台上搜寻了许多邓老师写的学术论文并加以分析，发现此篇《宝玉挨打》提高版课堂实录是分析邓老师教学理念的代表性课例。下面，我从文本阅读、文体学视域及《红楼梦》选修这三个角度来赏析这篇实录。

一、素读主义是核心

素读主义，而非“速读主义”。这一词汇，仿若一汩清流淌过如今网络快餐文化为主的后阅读时代。邓老师是在倡导一种健康、真实、自然的阅读方式，以传统文本文字符号为唯一途径，通过反复阅读而做出的朴素解读。素读可以是词语素读，也可以是语句甚至语段素读。

在“梳理情节”环节，邓老师并未让学生预习回目名称，而是让学生通过该问题的疏漏，进而对阅读回目的习惯更加注意。再去分析回目中的关键词：“笞挞”“不肖”。这属于素读中的词语素读，找出散布在作品回目中的关键词，并从中探询这两个词语在作者话语体系中的特殊含义，引出后面的问题：宝玉挨打的根本原因到底是什么？运用这种最传统的师生对话、反复阅读的教学方法做出最朴素的文本解读。

在“漫谈感受”环节，邓老师让学生抛开任何资料，仅仅通过反复咀嚼文本细节而表达自己阅读时感受最深的一点。有的学生说是“李纨的眼泪”，有的学生说是“宝玉的体贴与黛玉的无奈”，还有的学生注意到了贾政与聋老婆子的细节处理，这是尊重学生个性感悟、引导学生大胆说出真实体验的做法。

真正摒弃诱惑与干扰，塌下心来沉潜下去，阅读自然也就越发精深了。

二、文体切入是途径

邓老师在《宝玉挨打》教学设想中明确其总目标：使学生实实在在进行一次文学鉴赏活动。如何鉴赏？邓老师赞同朱自清及汪曾祺大师的看法，认为语言与思想是相辅相成、密不可分的，主张文本的文体学研究。文体学以语言学为研究方法，通过研究文本音节、重音、单词、词组、句子、句序等，揣摩解读作品思想内涵，再通过这些元素排列组合形成特殊的文本。

从章回小说的概念入手，学生查找工具书，找到章回小说概念，接下来，由概念本身引入思想内容就显得顺理成章了。通过载体而抓住关键词，进入文体阅读真正环节。

一部好的文学作品，成败往往在于细节。细节的重要性在一定程度上甚至远超过情节。从回目出发，挖掘回目中细节，进而展开情节梳理。对“笞挞”进行语音、语义上的提问；对“不肖”进行语义上的明确。这两词直指故事核心，牵一发而动全身，再次展现其精妙。

接下来，“结合课文内容解释这两句”，是由文体到思想的过渡。“对比鉴赏”中，邓老师继续从文体学出发，给学生播放了一段越剧《红楼梦》中关于“宝玉挨打”的片段。这不是对文本的脱离，相反，是利用这样一种文体间的对比，让学生对两个文本的认识和解读更加清晰深刻。从鉴赏角度，问题设置为“越剧《红楼梦·笞宝玉》中的情节安排、人物表现与原作中的有什么不同？”从具体到一般，让学生明白文体学知识“小说与剧本的区别”，讨论越剧《笞宝玉》中删削与增添内容，分别对两个文本都进行细节性解读，讨论贾政唱词作用，以及贾母在痛骂贾政与察看宝玉伤势之间先后顺序之合理性。

邓老师并没有固定答案，而是任由学生自己去对比发现种种细微之处。此时的课堂更像是作品座谈会，教师只是控制全场秩序的主持人而已。这样的课堂不就是我们始终追求的良性互动课堂吗？

在“漫谈感受”环节中，教师虽然没有直接问到关于文体学知识，但学生回答问题时，处处涉及文体，学生要用文本中关键词加以佐证自己的感触。比如，第一个学生谈到的“李纨的眼泪”。他是通过关键词“禁不住”“放声哭了”这两个词来感悟的。学生侃侃而谈，按照邓老师的话讲，这样的课堂深度和容量是难以模仿复制的。而这些课堂发言仅仅是选修班平时学生的课堂读书笔记而已，自然呈现，没有预习作业，更没有课前演练。

三、阅读选修是机制

邓老师曾说过一句话：如果我们有志于做一个受学生欢迎的语文教师，那我们必须拥有自己的“根据地”。在博览群书的基础上，我们必须选一本书，把它读懂读透。没有一定的阅读深度，我们便很可能永远停滞在一个较低的层次，成为只有广度而无深度的“平面人”。素读主义是邓老师最有特色的教学理念，所以，他将教学重点放在文本阅读上，而学生文本阅读如何才能得到质的提升？建立“根据地”。选修课程想法就这样应运而生。

在研究学生阶段，邓老师进行了调查问卷，了解到绝大多数学生迫切渴望能够阅读《红楼梦》，对选修课有着极大兴趣的愿望。然而，有将近一半学生属于“读了几章却看不下去”的行列，这说明学生虽有阅读渴望却不具备相应的阅读能力，这表明学生需要老师阅读上的帮助。

学生为什么不想读经典？因为《红楼梦》属于旧白话文小说，表述方式对于普通高中生来讲不易理解，因此才遏制了他们对于经典的兴趣与追求。邓老师细致剖析了高中学生阅读现状及阅读环境，老师不引导，家长无意识，学生作业堆积如山！纵使心向往之，又有何用？

《红楼梦》对邓老师来讲，是他的“根据地”。开设《红楼梦》选修课，事实证明，对于锻炼学生阅读能力、拓展学生阅读深度是十分重要的。经过老师引导，掌握正确阅读文本的方法，有足够时间整理读书笔记，更有同学在一起交流讨论，无论多么难懂的经典，也会让学生享受到知识的极大乐趣!

也许，课堂上学生的沉默寡言，并不是没有道理。这警醒着我们这些语文教师们，课下是否也该建立这样一个不可复制的“根据地”呢?

本文作者：赵小越

悟课人

陕西省旬阳县蜀河中学　王清丽

吉林省白山市浑江区八一希望学校　赵小越

肖培东老师

《好久不见》

课堂实录与研究

《好久不见》课堂实录

【执教】浙江省永嘉县第十一中学　肖培东

【上课时间】2017年10月27日

【上课地点】江苏省南京市第二十九中学

一、《好久不见》你们都写了什么？

师：同学们好。这节作文课，老师也没有刻意准备，问问大家，最近我们班级写了什么作文？

生（齐）：《好久不见》！

张淑香悟课：仅有五分钟课前准备，又是借班上课，又是从未讲过的课，又是精品课堂观摩课！五分钟，我们能准备什么？足以平定内心的忐忑吗？

吴小清悟课：这是我看过最生活、最自然的导入。简单，直入话题，顺畅大气。月到天心，风来水面，浅浅地，引领学生走向语文的百花深处。

杨萍萍悟课：肖老师讲课循循善诱，不疾不徐，顺着思维的规律，自然而然地为孩子们打开了一扇写作之门。

师：好久不见。是说我吗？（同学们笑）好，下面咱们来说一说，你写的都是和谁、和什么好久不见了？大家回忆一下，前天的《好久不见》你都是写什么内容的？

生 1：我写的是我和一篇小说好久不见了。

师：什么小说呢？

生 1：就是主人公与汉字之类的东西好久不见。

师：嗯，一篇小说好久不见，有意思。好，前排的这位同学，麻烦你拿着笔走到白板前，帮我记下来，好吗？（指定一位学生在白板上记录：一篇小说好久不见）我再来问，这位女同学，你写的内容是什么？

李晓慧悟课：记录发言，是了解学情，也是认可和激励学生，更是便于在后边教学中让学生比较、发现、总结问题以及对比展示成果，小动作大智慧！

生 2：我写的是和家乡还有家乡的习俗好久不见。（板书：家乡的习俗好久不见）

师：与家乡的习俗好久不见了。看来是怀念家乡那些留在你印象中的习俗了。这个男同学，你来说。

生 3：我写的是与老家的一株花草好久不见。

师：和老家的一株花草好久不见。好，同学你再记，“好久不见”四个字你可以省略。（学生依次写下板书：家里的一株花草）同学们继续说。

生 4：我曾经的同学好久不见了。

师：曾经的同学？哪个同学呢？

生 4：小学同学。

师：那跟老师说说看，最想哪个小学同学？

生 4：他现在在二十九中初二（23）班了。

师：哦，男同学还是女同学呢？（台下笑，生腼腆）

师：小学同学，好久不见。（板书：小学同学）嗯，这位同学记录得非常好，字也写得很端正。来，你告诉我，你好久不见的是？

生5：是我儿时一个非常非常好的玩伴。（板书：儿时的玩伴）

生6：我写的也是我的一个小学同学。（板书：小学同学）

师：也是一个小学同学，好久不见，继续说。

生7：我写的是与我的小学老师好久不见。（板书：小学老师）

师：哎，你还惦念着小学的老师，真好。

生8：我写的也是小学同学。（板书：小学同学）

生9：我写的是与老家好久不见。（板书：老家）

师：老家好久不见，多久没去了？老家在哪儿呢？

生9：老家在宿迁，已经三年没有回去了。

师：宿迁，两三年不见了，没去老家了，有时间还是要去走一走的。“老家好久不见”。来，还有哪位同学说说？角落里的同学，不能孤立你，你大声说说。

生10：我写的是故乡的草木好久不见了。（板书：故乡的草木）

师：噢，你与故乡的草木好久不见。来，前排的女同学，你来说。

生11：我的初中同学，好久不见了。（板书：初中同学）

师：初中同学，好久不见。好了，黑板上已经有这么多了，来，这位记录并板书的同学，先回到你的座位。其实学会记录，是一种很好的语文学习方法。

师：来，同学们，我们一起来看一看板书。我们这个班的同学，随机抽取，他们都写了什么呢？（师读板书）一篇小说好久不见，家乡的习俗好久不见，老家一株花草好久不见，小学同学好久不见，儿时的玩伴好久不见，小学老师好久不见，小学同学好久不见，小学同学好久不见，老家好久不见，故乡草木好久不见，还有两位初中同学好久不见。哪位同学还想说说？有吗？哎，你记录的，不能把你忘记，也让你上上榜。（师指向记录的同学）

生12：我写的也是我的两个初中同学好久不见。

师：初中同学，好久不见。好的，写上。

师：同学们，我们来看一下，这12位同学写的《好久不见》的文章内容。有什么共性？同学们在写作上面，他们的共同点是什么？想好了，就举手。

（生作思考）

李晓慧悟课：肖老师在师生对话中是出色的“平等中的首席”，评价语灵活简练，恰当真诚，既调动了学生积极性，也酝酿着情感氛围，更深入了解学情。

张淑香悟课：没有思想的沉淀和交汇，就不能有激烈的火花。不能在别人的思想中找到共性，也就无法表达自己的个性。肖老师顺着学生的思维，指给学生一个思考的方向。

杨萍萍悟课：教师善于思考，就会挖掘每节课最好的教育契机和切入点,潜移默化中让孩子获得领悟;学生善于思考，就会真正挖掘更有新意的素材，发现每一个生命都有色彩！

师：来，这位同学，手举了一半。来，你来说。

生：都是以前和自己有关系的，比如说以前的同学、以前的老师、以前遇到的事情等，现在好久不见了。以前都是自己经常看见的，但现在不能经常遇见了。

师：把你的话概括一下，也就是，写的都是自己的经历，是这个意思吧。好，请坐，写作文，要写自己亲自经历的，你才会特别有感觉，特别有感情，因为它离你最近，和你的心也贴得最近。还有没有什么共同点呢？（学生思考）来，你来说。

生：大多数同学都写和自己关系比较亲密的人。

师：哦，大多数同学写的都是与自己关系亲密的某一个人。这个亲密的人，是谁？哪一种身份的人最多？

生（齐）：同学。

师：哦，小学或初中的同学，我们点点看，有几个？（师生点数）哇，6个！12个同学当中，有6个同学在写小学或者初中的同学、玩伴的，都是很重同学友情的。那同学们考虑一下，这又说明了什么？你来说。

生：这么多人都写小学同学哈，每人写文章的关注点应该不一样才好。

师：也就是说，如果你要想让你的“小学同学”在这么多文章当中脱颖而出的话，你这篇文章要写出不一样的味道。好，我们再来问一问《好久不见》里写小学同学的，你们都写了哪些事？

生：曾经经历过的一些事情。

师：比如说——

生：就是放假一起出去玩。

生：我写的是我们两个人在一起学习。

师：一起玩，一起学习，真情实感，是能打动人心的。当然，最后也要感动你的阅卷老师。不过，共性也可能导致审美疲劳。12篇文章有一半是在写和小学同学好久不见，一起玩，一起读书，还有的吵吵架，闹闹矛盾。（按照这个概率）老师改这个作文，有一半的时间在看你们出去玩，出去打篮球、逛街。同学们，这里面，是不是还有一些需要我们去思考的东西？再来看，除了写小学同学的，还有什么内容写得也比较多？

生（齐）：故乡。

师：噢，故乡。故乡的草木，家里的一株花草，家乡的习俗，其实都是乡愁情结。故乡情结在感动着、驱使着我们去写这篇文章。好了，各位同学，这12篇文章多是写小学同学、初中同学还有故乡等，这还能让我们想到什么？

生：我觉得就是，他们写的——（犹豫不决，表达不出）

师：如果再给你一个机会，你会不会改变你的写作策略，或是写作内容？

生：会。

吴小清悟课：恰到好处地设问，充满了人文关怀，由共性走向个性化的写作，为孩子们开启了一片诗意的天空。

张淑香悟课：行云流水一般，在老师的引领下，通过对比、思考，同学们在自己的作文中找到了某些“垢弊”，自然而然地走向了对的方向。

李晓慧悟课：肖老师始终耐心地引导学生自己发现问题、总结问题，坚持学生的主体地位和教师的主导作用。

二、我们还有哪些“好久不见”？

师：写与自己有感情关系亲近的东西，是写作的好事情。只是，当大家都集中在小学同学、儿时玩伴上去写作的时候，我们得想想，我们的世界是不是可以扩大一点，我们的视野是不是还可以宽泛一点。我们能不能从大家共同写作的内容中走出来，寻找更多更有意味的“好久不见”？好了，同学们，想一想。好久不见的，除了小学的同学、儿时的玩伴，我们还有哪些东西是好久不见的？这个世界，我们再去思考。（生思考）

师：怎么想呢？我想请靠窗边的老师，把窗帘拉开。（教师拉开窗帘，露出天空、树等）来，先来看看，透过窗我们看到外面的这个世界。你觉得哪些东西是我们好久不见的？（学生凝望，思考）来，你来说。

生（真诚地说）：其实，我觉得随着我每天（忙忙碌碌）早出晚归，似乎对美丽的景色也觉得好久不见了。

师：这句话说得有道理。所谓好久不见，其实好久都在见，只是自己没有留心去凝视过它。所谓好久不见，其实又是经常会见到的，却又往往会被你忽略掉。好，我们就顺着他的思维去思考。哪些东西常常见？哪些东西又从来没有认真凝视过它，认真去看过它？请同学们望望窗外，从狭小的窗口望向广阔的空间，你想一想，一定会有“好久不见”的。（学生凝视，思考）

李晓慧悟课：认真聆听，敏感捕捉和巧妙引导，把文题“不见”的外延扩大到“视而不见”，拓展思维，推进教学，生成精彩。

杨萍萍悟课：肖老师经典的教育语言充满着睿智。这样的语言，是一位儒雅的思想者透彻深入的哲学。管中窥豹，为人之达观可见一斑！

师：来，你（原来记录板书的同学）继续充当我的记录员。接下来，又让同学们说了。请说具体，说到一个点上，告诉老师，好久不见的是什么。

生1：一片天空。

师：加一个词语，一片怎样的天空。

生1：一片湛蓝的天空，好久不见。

师：雾霾包裹下的日子，一片湛蓝的天空已经是好久不见。这篇文章可以写出你对童年清澈天空的怀念，还可以表达，你对今天环境的忧虑。来，同学，把这个句子写在右边。（学生板书：一片湛蓝的天空）

师：还有什么？我们要像这个同学一样，细致到湛蓝的天空。还有什么会好久不见，你来说。

生2：一片茂密的树林，好久不见。（板书：一片茂密的树林）

师：一片茂密的树林，好久不见。你没有看过一片茂密的树林吗？

生2：很少了，现在到处都在砍伐树木，大盖楼房什么的，树木越来越少了。

师：环境开发的问题，也是人心的问题。即便是有茂密的树林，甚至有些人距离这片树林很近，可是他有没有时间去看？

生（齐）：没有，太忙碌。

师：我们忙忙碌碌，奔波行走，却从来没在眼睛里装过这一片茂密的树林。好，请坐。你来说说。

生 3：我们的教室，好久不见。（板书：我们的教室）

师：我们的教室好久不见，为什么？

生 3：因为教室里的很多东西，我们每天都不太注意。

师：是的，我们在某个空间里待习惯了，就会忽略这个空间的构成。我们往往会忘记教室里的灯，教室里的墙，教室里的黑板报，角落里的盆景，而某个时候，这些都可以幻化成我们最温暖的记忆。我非常喜欢他说的这个词组，叫“我们的教室”。同学们，做三年同学不容易，大家一定要记住！谁的教室？

生（齐）：我们的教室。

张淑香悟课：教育不是只拿分数的冰冷手段，有记忆的日子是最温暖的。在看似“闲聊”中，有情怀的肖老师为学生倾注了“情商”教育。

师：哎，“我们的教室”！还有没有？这个女同学举手了，好，你谈。

生4：一级级清爽的台阶。（板书：一级级清爽的台阶）

师：清爽的台阶，你怎么会想到台阶呢？

生4：每天的大课间，我们都要去操场上做运动，我们每天都会走这个台阶，台阶很干净，走上去很清爽，也像我们一样活力四射的。

师：你坐着，阳光就洒在你的台阶上，你坐在那里跟你的同学在聊天，你坐在台阶上，望着你的校园，看着时间慢慢地流逝。你突然发现，陪伴你初中生活的，其实就是这些一级级不说话的台阶。很好，“一级级清爽的台阶”，多有意思呀。同学们，还有没有？来，最后面的那个女同学。

生5：野生的那些小动物，好久不见了，很想念。

师：森林里，田野间，那些很自然生长的小动物。来，我们把小动物具体一下。比如说，落在我们这棵树上的一只小鸟？草丛间的某一只蟋蟀？（板书：树上的鸟儿）初中了，读书这么忙，突然觉得，人应该去听听鸟的叫声，感受一下田间的蟋蟀的鸣唱。来，把田间的蟋蟀也写上，看看“蟋蟀”两字还会不会写？（板书：田间的蟋蟀）还有哪位同学再来说？望望窗外，想一想窗外的世界。这个女同学，你来说。

生 6：一个阴凉的亭子，好久不见。

师：一个阴凉的亭子，你给老师说说看，这个亭子间发生过怎样美丽的细节呢？

生 6：下课，学习学累了，同学们就会一起成群结伴去亭子里休息。夏天乘凉，秋天闻到香味，冬天也在里面看看亭外面的树木什么的，感觉很舒适。

师：哎，你说得非常好。一个阴凉的亭子，这个亭子里有同学一起休闲的记忆。所以，我们写对同学的想念，不一定就要写具体的玩啊吵架啊，可以通过亭子、台阶、我们的教室等，慢慢传递出这种温暖的情感。接下来，同学们，再把我们的路走得远一点，走出我们的校园。还有哪些东西，好久不见？比如说，同学们都爱写故乡，那我们的故乡，写的时候能不能把故乡具体到某一个点上，细致到某一个物体上？故乡，它的什么好久不见？

生 7：故乡，清新的空气，好久不见。（板书）

师：故乡的天空，到夜晚可以看到美丽的星星，美丽的月亮。（板书）

生 8：我与故乡的田野好久不见了。现在过度开采，乡

村的大片田野都变成了高楼大厦，田野不见了。原来的田野都生长着粮食。（板书）

师：田野的炊烟，草间的露珠，故乡的绿色，好久不见了。

生9：故乡快过年的时候，院子里飘着烟火的味道，还有奶奶做的饭食味道，在院里里弥漫开来，让人想起很多事情。

师：她说的有一个关键词——味道。故乡的味道，儿时的味道，好久不见。请坐。（板书）同学们，发现了没有，我们打开了通往故乡的道路。故乡、视觉、嗅觉、味觉，舌尖上的记忆出来了。这，也是好久不见的。

张淑香悟课：师生间如诗的对话，环环相扣，层层拔节。肖老师敏锐地把握住每一个拐点，使学生的视野一点点拓展，狭小的世界一点点丰富，参与课堂的激情一点点绽放。

杨萍萍悟课：跟故乡有关的事物都被唤醒，思维的拓展从空间的开阔到时间的延伸，再到多种感官的调动，一堂写作课就有了立体的味道，有了广阔的视野，有了鲜活的力量。

生10：我觉得，家人之间温暖的亲情也可以写。

师：好，家人温暖的亲情是不是还可以说得具体一点，可以凝聚在一根白发、一个拥抱、一个眼神上。很好，我们开始说人了，看看我们温暖有爱的家人。你来说。

生11：每次回家，总能看到父母忙碌的身影，现在学习很忙，有时顾不上，所以，觉得父母忙碌的身影好久不见。（板书）

生12：爷爷奶奶爽朗的笑声，好久不见。（板书）

师：院子里的桂花树，桂花树下的笑声，还有田间劳作的身影，都好久不见了。最后，没有发过言的同学，你举手的样子这节课上好久不见了。来，就是你了，手举一半不敢举了。

生13：爷爷奶奶粗糙的手，很久不见。（板书）

师：嗯，粗糙的手，生活当中，我们都被一双双粗糙的手拥抱过。那双手抱着我们，然后，我们慢慢地在这样温暖的襁褓中长大。

师：好了，记录的同学回到你的座位上去。这是左边，我们前天作文写的东西，这是这节课上，我们慢慢思考出来的东西。来，我们一起读一遍这些句子。预备起——

生齐读板书（有感情）：一片湛蓝的天空；一片茂密的树林；我们的教室；一级级清爽的台阶；树上的鸟儿；田间的蟋蟀；阴凉的亭子；故乡清新的空气；故乡的星星月亮；故乡的田野；故乡的味道；父母忙碌的身影；爷爷奶奶爽朗的笑声；粗糙的手。

师：现在想想看，这一边和那一边（板书的两个部分）相比，有什么不同。哪位同学起来说一说？噢，这位同学要说话。

生：右边比左边的那些更加详细了，每个景物每个情境都更加细微更加细小，都是随处可见的。

师：也就是说，不让自己的写作落空，有了一个具体的点，具体的物，可以盛放我们的感情，而且它变得似乎更小更平常了，是不是这个意思？

生：左边的一般是文章应该表达的主旨，（比较空泛）而右边的这一列通过间接的方式来表达我们的一个中心思想。

生（小声）：左边的我们平时写得很多了。

师：让感情有所寄托。左边这一列的东西，我们平时写的多不多？（生说“多”）从小学开始写同学，写到初中，初一写，到初二还写，确实不够新鲜了。而右边的这一列，相比更具体了，更细腻了，更有味道了。好久不见了！

三、“好久不见”属于更多的“我”

师：再考虑，我们还可以想得更多。刚才写下来的这些“好久不见”，又有什么共同点？你的手举一半，你说。

生：右边的角度很多样。

师：角度很多样，更加丰富多姿。但和它们好久不见的都是谁？大家有没有发现，写这些“好久不见”的时候，都是从谁出发的？都是从谁的眼光来看的？

生（齐）：自己。都是我们自己。

师：对，都是我们自己，这个“我”，就是现在坐在班级教室里的那个你自己。“好久不见”这个作文题，我们写的都是“我”与什么的好久不见！现在，跟着肖老师，我们换个“我”，这个“好久不见”，不一定就得写你自己呀。比如说，天上的一只小鸟，它也好久不见什么了？地上的一只蚂蚁，它也好久不见什么了？我们变换一下“我”。好，现在，跟着肖老师说话。树上蹲着一只鸟，它好久不见什么？来，你来说——

生 1：鸟儿好久不见天空了。

师：原来写一片湛蓝的天空，不一定要写我好久不见湛蓝的天空，可以写——

生 1：一只鸟儿！（板书：鸟儿好久不见天空）

师：这文章就是从那棵有鸟的树开始写。这棵树上，“我”努力地望啊望，“我”已经好久没有望到湛蓝的天空了。它拍拍翅膀，它要叫出它的呼唤。因此，我们可以通过鸟儿来写《好久不见》。（板书：鸟儿好久不见天空）接下来，能不能把《好久不见》这篇文章的叙事者换一下，用另外的“我”来写写说说。（学生思考）

生 2：鸟儿好久不见茂密的树林。

师：好的，（树林都出现过了），我们现在能不能不用它了。

生 2：由于人们的砍伐，我们没有了茂密的树林，天空也被阴霾遮住了，鸟儿也好久不见美丽的月亮了。

师：鸟儿好久不见月亮了，月亮被灰暗的雾霾给遮住了，鸟儿要去寻找它的月亮了。好，接着说，不一定都是鸟儿。来，这位同学。

生 3：鱼儿好久不见清澈的水流。（板书）

师：一条小鱼曾经是在清澈的湖水里游动过的，可是如今，清澈不见了。

生 4：一棵树，好久不见它茂密的树叶了。

师：树，为什么好久不见茂密的树叶了呢？这个想法很奇特。就像人，怎么会看不到自己的头发了呢？（生笑，愣住了，有学生小声说“秋天”）

师：一棵树好久不见了它的树叶，它以为熬过这个秋天，熬过了冬天，到了春天，就会又看到叶子的。可是，春天到了，树上还是没有长出叶子。时间？空间？剥夺了一棵树长叶子的权利。究竟是什么，让它即便在春天也看不到自己的叶子？我觉得这位同学说得很有想法，请坐。（生微笑坐下）

师：老人会和树说，这个秋天熬过了，叶子落了，再熬一个冬天，春天一定会长出漂亮的树叶的。这棵树啊，它就等待，它就努力，可是春天来了，春天依然像秋天那样绝望，夏天来了，夏天依然像冬天那样严寒。突然发现，那些叶子都不在了呀。原来，这个世界已经混乱了所有的季节！想一想，是不是有意思。（学生有感悟）学会构思，我喜欢这句话！来，写上“树好久不见自己的树叶”。（板书）还有没有，这个女同学，你举手，太好了。

吴小清悟课：比较阅读，比较写作，深入浅出，环环相扣，用“主客转移”来实现写作的创新。

李晓慧悟课：对学生尊重和爱护，所以，肖老师能珍惜且呵护学生积极而富有创新性的思考，并善于培养学生深入思考的习惯。

杨萍萍悟课：教师的智慧，不仅仅在于引导，还在于做学生思维情感的知己。孩子们的语言有时青涩干瘪，教师富有诗意的语言为孩子描绘了有血有肉的故事，增添了语言的魅力。

生5：故乡的麦子好久不见天上降下的瑞雪了。以前，故乡每到冬天，天都会下厚厚的雪，给麦子盖上棉被，瑞雪兆丰年。可是现在，天气越来越暖了，没有了雪。(板书)

师：不被雪盖过的冬麦真的不叫麦子，是吧？（笑）雪落不到麦子身上，雪怎么能做一床大棉被呢。所以，同学们，我们要寻找真正的冬天，别让无雪的冬天陪伴我们。因此，她就写了“麦子好久不见雪花了”。还能不能写出比她写的更有意思的？（板书）

生6：我觉得可以写，故乡的花猫好久不见爷爷奶奶爽朗的笑声。（板书）

师：这是为什么呢？

生6：这是因为爷爷奶奶，他们单独在乡下，爸爸妈妈和我不常回去看他们，他们比较孤独。只有猫在陪伴他们。有一次，我们回去看他们，他们感到很幸福。

师：聪明，写爷爷奶奶，不用我去观察，而改写小花猫。是的，以前的时候，爷爷奶奶看到猫，都会笑起来。现在，是谁把爷爷奶奶的笑容给摘走了呢？因此，这位同学在写空巢老人的孤独。聪明。（板书）最后两次机会，谁说？这个同学，顽强地举起手了。

生7：我觉得黑板上，好久不见粉笔的痕迹了。

师：黑板上，好久不见粉笔的痕迹了，你想跟大家说明一个什么事呢？

生7：我觉得，现在老师都太喜欢用PPT了。（台下老师惊讶）我觉得，还是要寻找那种古朴的痕迹，就是用粉笔来上课。（台下鼓掌，感动）

师：台下的每个老师都可能是带着羞愧给你鼓掌！黑板存在，是为了留下痕迹的。老师，你的文字你的书写在哪儿？别只让我仰着头看PPT。这个同学说得真好，教学就要有教学真实的痕迹。因此，“黑板已经好久不见文字了”，来，把这句话写上去。（板书）最后一次机会，你来说。

生8：蚂蚁已经很久不见芬芳的土地。（板书）

师：为什么？

生8：在很久以前，土地还是土地的样子，没有现在的混凝土，泥土里混杂着各种的芳香，蚂蚁在地上闻到的都是一种自然的气味，现在，都是建设后的一种怪怪的味道。

师（感动）：再也嗅不到黝黑的土地里自然的芬芳，蚂蚁现在闻到的是一个城市钢筋水泥混凝土的味道，是城市里拥挤喧嚣的人流和车流的声音气息。蚂蚁已经很久不见芬芳的土地了。哎呀，我很久不见学生有这样的思维力了！

师：我们现在深情地来读一读这一列板书的文字。来，一男一女两个同学。女同学读第一行，男同学读第二行。

生（女）：鸟儿好久不见天空。

生（男）：虫儿好久不见月亮。

生（女）：小鱼好久不见清澈的水流。

生（男）：树木好久不见自己的树叶。

生（女）：麦子好久不见雪花。

生（男）：猫，好久不见爷爷奶奶的笑容。

生（女）：黑板，好久不见文字。

生（男）：蚂蚁好久不见芬芳的土地。

（学生读得很动情，很感人，全场安静）

师：多好听啊，就像诗歌一样，我们一起来读一遍。鸟儿好久不见天空，预备起。

（生齐读板书，深情）

师：最后我再添上一句“我们好久不见这样美丽的世界”。（学生齐读）这就是我这节课的标题！（板书：我们好久不见这样美丽的世界）同学们，原来《好久不见》这个作文，除了身边的某个同学，某个老师，这个世界还有很多美好的东西等待着你来开掘。你看，多有意思，这样写出来的文章，更加清新，更有意义，我们对这个世界真诚的爱也全部都寄托其中。（学生感动，全场安静，感动）

张淑香悟课：文字进入灵魂的最佳方式是朗读。对照板书，男女生交替读，学生齐读着这些诗一样的语句，浅浅深深地奔向了这节课的主题。

吴小清悟课：好课就是好的人生态度。

四、换写《我们又见》

师：接下来，我把作文题目再变一变，改成“又见”。又见什么？请同学们拿起笔，写出几句话。又见——

（生思考，写，师巡视）

师：好的，同学们，把笔放下去，从这一排开始，说说你们的《又见》。要求不能重复前一个同学的内容。

生 1：又见读书笔记本上自己的文字。

师：哎，对那些常年不读书不写字的同学，提出一点建议，又见笔记本上自己的文字。

生 2：我又见小时候外公骑着自行车带我出去玩。

师：想到外公骑着自行车带我出去玩。你在不知不觉中，把江苏省高考作文题都完成了。

生 3：又见神秘的星空。

师：谁见到的？你会见到，小鸟也会见到的，小树也会见到的。（生点头）

生 4：我写的是又见家乡的小桥流水，没有城市的烟火味。

师：又见家乡熟悉的小桥流水，家乡的炊烟。

生 5：鸟儿又见湛蓝的天空。

师：鸟儿带着我们飞翔。

生 6：锅铲又见到了锅。（大家惊讶）

师：怎么写锅铲又见到了锅了呢？

生 6：现在的生活节奏十分快，大家都在订快餐，订外卖，很少有人在自己的锅台上做饭，家没家的感觉。

师：所以，这个锅铲被孤独地冷落了很久。该让锅铲来发挥它的作用了，让灶重新升起温暖的炉火，每个家庭的温暖，是一定要让锅铲见到锅的。（掌声）

生 7：又见金黄的稻田。

师：又见金黄的稻田，美丽的秋天真的来了。

师：同学们，最好的写作，就是写写我们好久不见、好久又想见的东西。我们好久不见这样美丽的世界。只要你好好的思考，好素材，好文章，又能与你相见。下课！

拂一缕清风，静待花开

这些天反复看肖培东老师的课堂实录《好久不见》和他的教学记录，沉醉其中，感悟多多。他的教学智慧告诉我们，一堂精彩纷呈的作文指导课，无须高谈阔论，轻轻的，似一缕清风，拂过含苞待放的花蕾，慢慢展开花瓣，绚丽盛开。

一、心中有天地，绽放在须臾

很喜欢张玉新老师关于茶壶、茶叶、茶水的比喻。如果把教师比喻成一把紫砂壶，把教师的专业知识比喻成茶叶，壶的质地千差万别，教师必须不断打磨自己这把紫砂壶，不断往里填充上好的茶叶，又注重水的温度、冲泡的时间，最终才能从壶里倒出上好的茶水。

肖老师的教课就是上好的茶水，淡中溢香，清纯而不杂乱。

语文是美的，是浸润人的心灵的，这是语文人坚守的根本。或是董一菲老师充满淡雅诗意的课堂，抑或是肖培东老师浅浅的蕴含着满满深意的课堂，都将语文人的坚守、自身的修为与课堂融合一体。心中盛放着大语文的天地，积淀出优秀的教学品质和语文素养，于课堂上绽放的是对语文的痴爱与执着！

二、清风本无痕，轻拂撩花开

越是高明的课堂，呈现的方式越是朴实。细细品味这节课，不见特别的活动设计，没有热闹的活动场面，整节课波澜不惊，只是在肖老师的引领下，以《好久不见》为主线，一步一步走下去，思想和情绪不断地提升，情感伴着溪流涓涓流淌，不知不觉中汇集成了池塘，慢慢涨溢，没有被推动或是拉动的感觉，学生自然而然地为自己的情感找到了一个可以盛放的地方。课堂有温度，有思想，余味无穷，浅浅的教学，大大的智慧。

“我想请靠窗边的老师，把窗帘拉开。”这无疑是大家公认的一个极具意义的亮点。轻轻地一拉窗帘，我们看到了外面的世界，思维自然地脱离了四四方方的束缚，情感也弥漫开来。这轻轻地一拉，把我们拉回到了那个我们熟悉的却被忽略了的美好世界！为本节课的主题拉开了巨幅的幕布！

课堂上无痕的引领总会通过有痕的印记来传送。肖老师教学中真实的痕迹是和某同学一起留下的。非常清晰的三个区域，真实地记录着学生们的思维轨迹。当学生的选材呈现在我们眼前的时候，我们即刻就发现了他们写作内容的重复性，在内容相似的文章中想要脱颖而出是非常不容易的，那么如何规避这些问题？在肖老师的引导下，黑板的中间部分出现了“一片湛蓝的天空……”学生的视角伴着窗帘的拉开走出了教室，思想在生活和大自然中游荡，锁定了一个又一个让人心动的画面。随着课堂的深入，他引领同学们转换叙述主体，于是我们看到了另外一组文字：“鸟儿好久不见天空……”瞬间，浓浓的诗意呈现在眼前，同学们深情的诵读荡气回肠。

如果我们把第一组文字比作含苞待放的花蕾，那么，第二组文字就是半开娇羞的花朵，待到第三组文字，花儿已是傲然盛开，在微风中摇曳着风姿，召唤着读者。这么严谨的结构在无形的教学过程中慢慢呈现给我们，着实是让人震撼的。这绝不是5分钟就能准备出来的，这是贯穿了教学生涯的一种内化的教学素养！

三、着眼大课堂，立足细微处

教育要面向全体，更要关注个体，让每位同学成为真正的学习主体。在课堂上，他就像一名指挥家，用自己的情感牵引着学生，将隐藏在内心的每一丝触动都释放开来。学生追随着他的灵动，在他支撑开的广阔空间翱翔着。

“边角落里的同学，不能孤立你，你大声说说。”肖老师的课堂是“简单”的，却又极为细致，不仅仅是表现在从“一片天空”到“一片湛蓝的天空”这种语言的细致，而且是对学习主体的细致。“手举了一半不敢举了”，一个细小的动作，一个细微的心理变化，被温暖的他牢牢地抓住了。《十分钟，是给她的，我的一次公开课记忆》里曾记述一节课55分钟，10分钟给了一个有些自闭的小女孩儿，而且他觉得，10分钟，还太少。这是何等的品质!

四、学寄成于思，思成品于名

语文素养是需要长期积淀的，非一朝一夕之功。作文需要良好的素材，更需要良好的思维框架。学会构思，是肖老师对学生的要求与期望，而构思的方法很巧妙地折射在课堂环节的设计中。

我们在这节课的过程中看不到斧凿的痕迹，从学生刚刚写过的作文入手，丰富语言，丰富情感，进而转换视角，再转换主体，在学生们饱含深情地齐读“我们好久不见这样美丽的世界”时，肖老师扣题：这就是我这节课的标题!

课堂前三个环节已经是浅浅之中深意汩汩而来，已经让每个人沉浸在语文的美好世界中，肖老师却没有止步于此，“我们又见”别开生面，以积极乐观的心态让我们看到更为美好的世界，余味无穷，浅浅的教学，大大的智慧。

不单是学生，包括我们，同样有一种情感迸发的冲动。这一切是不自主的，又是主动探寻到的。这才是教学的真正意义所在。

五、送一缕灵动，现别样风景

课堂上，肖老师更像是一个大朋友驻足于池塘草地，面对待开的花蕾轻声慢语，低吟浅唱。贴近学生的思想，顺引学生的思维，让他们在思考中归纳，在归纳中思考，使他们的思绪渐渐舒展。

“一棵树，好久不见它茂密的树叶了。”

“树,为什么好久不见茂密的树叶了呢？这个想法很奇特。就像人，怎么会看不到自己的头发了呢？”

“究竟是什么，让它即便在春天也看不到自己的叶子？”在他的追问下，学生的思维之花借助思考和想象又一次转向阳光，成就了一种深刻、一种新颖。

我们一直在分数中纠结，似乎已经不记得语文原本的模样。肖老师在《我要这样教语文》中写道：“我会和你比分数的，毕竟我也需要分数来支撑世界对我的评价。可我不会不厌其烦乐此不疲地和你计算到小数点后的某个数字。也许，对于你，语文是一堆数字。可是，于我，语文是一种阳光。”

有这样心怀语文的语文人引领，学生是幸福的，我们是幸福的，我们的语文是幸福的！

我也愿化作一缕清风，轻轻拂开那些美丽的花瓣，再见好久不见美丽的世界！

本文作者：张淑香

抱朴大美，我心澄碧

素昧平生，直到遇见您的一堂作文课。

什么是好的作文课？对照评价量表，作文评分有一个评价标准，但极具个性化的教学思想却难以复制。

肖老师以短暂的课前五分钟、一堂课，尺水兴波，轻轻拂过我的盲动与卑微，促我反思，走向本真、淳朴又丰富精彩的语文天地之中。

词如花种，大道至简，他从课堂浅浅走来，与我相逢。

一、有人——师生生命的相遇与润泽

有人，就是眼里有学生，和学生一起或对话或朗读，用最低调朴素的语文方式让师生彼此之间完善生命。

他问学生，最近我们班级写了什么作文？没有噱头，直入文本，简简单单；他接着问学生，你们前天都写了什么内容？引导学生回忆；他追着学生问，同学写的文章内容，有什么共性？引导学生思考选材，明白写有意义的、真情实感的东西，就是打动人心的好素材。

他风轻气和地聊，“我们还有哪些东西是好久不见的？”引导学生思维一步一步向深处挖掘，当学生打开心灵，他不借助形而上的方式拓展，依然对接学生的思路问：“走出我们的校园，还有哪些东西好久不见？”当学生颇有感触地说道亲情也可以写，他又温馨地问大家，家人温暖的亲情是不是还可以说得具体一点，可以凝聚在一根白发、一个拥抱、一个眼神上；就这样浅浅地领着学生，循循善诱，从写什么到还能写什么，引领着学生发现这个世界还有很多美好的东西可以入文，可以入心；从“好久不见”到变换着句式问“我们又见”，跌宕一笔，令人拍案叫绝！

这五分钟预约，之所以令人难忘，恰恰在于它的返璞归真。它去除了冗杂、繁复、粉饰和累赘，让作文变得简单真诚。繁华落尽见真纯，在课堂里师生生命得以互相润泽。

二、有法——文艺范地评价激励学生

有法，做语文老师就不简单。

语文教坛就是生命的渊薮，名有千秋。

对学生的文艺性点拨，足见肖老师的深邃。

他说：请同学们望望窗外，从狭小的窗口望向广阔的空间，你想一想，一定会有“好久不见”的；他说：最后我再添上一句：“我们好久不见这样美丽的世界。”

不愤不启，不悱不发，最难能可贵的是他总能穿针引线，不羡慕门外的奢华，成全自己本真的语文。喜欢他文艺的表达，让所有孩子潜意识中美丽与深刻汩汩流淌。这是一颗饱满爱的诗心，引发了学生内心暗流的涌动，遇见我们这个美丽的世界。

观照自己的课堂，多少老师不修语言的边幅，为了幽默而变成低俗，为了深邃而变成桀骜难懂，为了拓展而失了语文的味道。

天道酬勤，一个在对话中关怀学生的语文老师，一定是一个不媚俗、不讨好，坚守语文的精神家园，纯净有语言风度的好老师。

三、有趣——由浅入深，走向繁华深处

有趣，一则肖老师引导学生渐入佳境地谈，由浅入深，功底深厚，真是浅浅地教，深深地悟；二则波澜中耐人寻味的课堂语言不失风趣幽默，如一潭色彩绚烂的碧波。

有个网友曾经如此评价："每次看实录都感觉肖老师的课堂孩子发言特别精彩，其实并不是我们的学生悟性不高，而是我们不会引导。"

我们还有哪些"好久不见"？于是引导学生把要选择的素材具体到某一个点上；于是你在一根白发里见到温暖有爱的家人；你在故乡里见到星星月亮、田野、味道、父母忙碌的身影。"好久不见"里"我"已然超越主观的我，变成诗歌的意象，不禁令人击节赞叹！

肖老师将另一个"好久不见"生发下去，使学生充满了求知欲和表现欲，而好奇求知的欢乐和自我表现的愿望是推动课堂前进的永恒动力。

最后在淡淡的一问一答中，如诗似醉，蕴含了人文底色，得以提升生命的质量。

就这样，短短的几分钟时间，浸润在清澈深刻的作文里，追逐一场文学盛宴。

四、有味——唤生命自觉回归平淡

观看生成的板书，在一排排学生稚嫩的字迹之上，肖老师信手拈花微笑，添上标题，天哪！竟然成一首充满哲学意味的小诗，恍如站在泰山之巅，见作文沧海风光。

课堂生成完全如春风化雨，没有备课的痕迹，教写作内容、教写法写得具体、细腻，教写作旨趣更清新、更有意义，难怪见网友打趣道："肖老师一节作文课可以抵普通老师一年的作文课。"

这堂课有几处细节感人至深：课中蚂蚁、虫儿、月亮等意象，在哲思的玩味中，伴着朗读，酣畅淋漓地生发着心尖荡漾的思绪，遥想这背后的缺失，不禁泪上心头；尾处在引导学生思考以物化物，肖老师说每个家庭的温暖，是一定要让锅铲见到锅的，现实得让心发冷又接地气，对烟火气的生活充满更多虔诚热爱。

流连于此，冬日静寂，忆起您的眼里尽是儒雅淡然，身后黄叶斑斓，疏落成诗。人生最大的捷径是用心读经典，我相信，老老实实地读书，扎扎实实地教书，爱着语文，抱朴大美，我心澄碧。

本文作者：吴小清

是您给了“我”一扇窗

教育的本质意味着：一棵树摇动另一棵树，一朵云推动另一朵云，一个灵魂唤醒另一个灵魂。

——[德] 卡尔·雅斯贝斯

五分钟的激情酝酿，一整堂的视听盛宴。在《好久不见》一课中，您宛如武林高手，兼收并蓄，抓住一个契机，用灵魂为我们打开了一扇奇妙的“窗”，精彩演绎！

一、以学生视角观课堂——您给了“我”一扇探索之窗

认识您之前，我原以为我的作文足够精彩，视角独特，

文字优美，体裁新颖，情感真挚……一节作文公开课，您用睿智之思为我打开了一扇探索之窗，更用包容之心让我学会了倾听自然思考人生。

1.“横看成岭侧成峰”，让思维发散

您让我们从自己的狭小思维空间中跳脱出来，“我们的世界是不是可以扩大一点……寻找更多更有意味的‘好久不见’？”

于是，在您的循循善诱中，我们脑洞大开，发现了许许多多被忽视的美好。可您的要求真高，“再考虑，我们还可以想得更多”。于是，我们倾听花落的声响，看到了不一样的美丽世界。

这节课，我们在您的步步指引下顿然领悟：原来让思维发散开来、立体起来，才能真正捕捉灵感的火花，感受写作真正的快乐，感受美丽的世界这样光彩熠熠。

2.“一枝一叶总关情”，让情意长存

您的课堂，处处充满了人文关怀。“好久不见，是说我吗”，您的幽默让我们欣喜于大家的睿智与温和；“这位同学记录得非常好，字也写得很端正”，您的表扬让我们珍惜着好习惯，践行着好素养；“角落里的同学，不能孤立你，你大声说说”，您的悉心呵护让每一朵花儿都积蓄能量，努力绽放。

这节课，您用您的慈悲情怀教导我们，在貌似枯燥的生活中注入爱的活水，细细领悟，会让你的生命之泉更加澄澈，让心灵的世界暖意融融！

您说过："我们的语言，不渴望谁都能听懂，总有能栖息小鸟歌声的树枝，我只期待，那枝条上的叶子，也有含蓄多姿的语文脉络。"肖老师，您用一节课的"轻拢慢捻"，为我们打开了一扇扇充满灵动色彩的探索之窗。感恩于您的思维引领，那是沙漠中的一泓心泉；感恩于您的人文情怀，那是冬日里的一抹暖阳！您的有声语言，我们懂；您的无声大爱，我们懂！

二、以教师视角观课堂——您给了"我"一扇教育之窗

爱尔兰著名诗人威廉•叶芝说过："教育不是注满一桶水，而是点燃一把火。"一节示范课，您精心的设计，引领学生在思维的海洋中漫游，让写作变得激情澎湃、汪洋恣肆。

1. 启智之窗：为师者当思教育对象，构筑鲜活的教学主线

您的课堂，为我们打开了一扇启智之窗，让我们找到源

头活水。

您说："作文课，我不是在教你们写作，而是教你们发现与凝视这个世界。"教师当从学生的认知世界出发，从学生的已有资源出发，反复思考：学生最需要的是什么？我能给他们最好的是什么？在不断的思考中构筑一条切实可行的教学主线。

您的睿智在于，不是以教师主位引领学生，而是以学生需求设计教学思路。"以'有效的学生写作——发现学生的写作问题——分析学生的写作问题——提供支架材料帮助学生攻克写作障碍——学生再次写作'为教学路径。"从肯定个性、归纳共性，再到挖掘个性、归纳共性，最后再寻找个性，这样的头脑风暴于师者是睿智之思悄然绽放，于学生是受用终身的思维引领。

2. 肖特之窗：为师者当须高屋建瓴，锤炼特色的教学语言

"一个无任何特色的教师，他教育学生不会有任何特色。"大教育家苏霍姆林斯基的话振聋发聩。而师者的教育个性，则常常表现在充满哲思的教学语言中。

您在短短的一节课中，让我们充分领略到他质朴与睿思的哲学智慧。

“所谓好久不见……其实被你忽略掉。”您的世界，浅见深思，处处充满美好。“黑板存在，是为了留下痕迹的。”诗一般的语言，恣意地流淌，智慧的火花，不停闪现。“最好的写作，就是写写我们好久不见、好久又想见的东西。”方法的指导，不再讳莫如深，轻巧的聊天中，自然地传达，慢慢地领悟。

您用那独具特色的语言魅力征服了全场，更让我们懂得：作为教师，在平日里勤勉积累，精心锤炼，让哲语警言流淌在生命的血液中，方能信手拈来，以特色之法实现对学生生命价值观的启迪。

三、以他人视角观教者——您给了“我”一扇希望之窗

“博学而笃志，切问而近思。”您示范课的成功，源自一位勤勉的语文教育者孜孜以求的探索。

1. 语文人的本真应该是质朴的

您的课在努力践行着钱梦龙先生的教育理念：“语文教学就是老老实实地教会学生读书。”您的课堂，不追求花哨、不哗众取宠，甚至板书都是学生的语言、包含学生的笔迹。

三排的内容，三次的提升，从花蕾含苞到诗意绽放，这是智慧的闪现，更是大道至简的体现。

2. 语文人的践行应该是踏实的

“问渠那得清如许，为有源头活水来。”语文人的践行应该是踏踏实实的。您说：“你的阅读，是最好的课堂；你在阅读，是最好的教学。”您博学而睿智，厚积而薄发。您在课堂上教学生发现美好、感悟生活，您让他们诗意朗读、书写生活。其实，您又何尝不是在读他们：读他们的青春情愫，读他们的智慧火花！

3. 语文人的追求应该是幸福的

我一直欣赏李嘉诚先生的那句话：“美好的生命应该充满期待、惊喜和感激。”五分钟的思考，一节课的展现，于他人，或许是挑战，是负担，是恐惧；于您，或许更多了期待，多了惊喜，多了感激。因为，学生青青世界的构建，源自您高屋建瓴的指引；学生智慧之光的闪现，源自您妙语连珠的点燃。当一切落下帷幕，当掌声从四面响起，您应当是幸福而满足的吧。

选择了语文，就意味着选择了一生的孜孜以求的事业。于漪老师说：“与其说我做了一辈子教师，不如说我一辈子学做教师。”您的《好久不见》，如一粒浸润着生命之浆的饱满籽实，在语文人的心田悉心播种，让我们沐浴暖阳，朝向那诗意的远方，幸福助跑，拔节生长，恣意绽放。

好久不见，扎扎实实的思维构建引领；好久不见，至纯至真的大爱情怀传递；好久不见，一棵树荫蔽着一片广袤的田野；好久不见，一个灵魂打开了一个美丽的青青世界！

本文作者：杨萍萍

预约没有预约的诗意精彩

肖培东老师《好久不见》的作文课，行云流水、诗意盎然，把自然和生命、生活与真情重新投映在学生的眼眸里，震颤在心灵上，并引领他们灵思飞扬，妙想连篇。这样美妙、感人和高超的作文课好久不见了。

这节课竟然是他课前五分钟思考的结果。五分钟是来不及设计教学的，肖老师也坦承这五分钟“没有去想如何设计这个课”，所以说这是一场“没有预约的精彩”。

但这绝不是偶然。从整堂课的教学理念、实施策略、引导艺术来看，他的境界和水平注定会被精彩邀约。而我们又能从这节课中向精彩预约什么呢?

一、关注生命的立场

于漪前辈说：语文教学不能重术轻人。

名利驱动着生活高速前行，而人们的情感和精神却日渐干涸和萎缩。当我们只看到学生写作素材贫乏、思路狭窄和表达苍白时，肖老师却关注到了他们那掠过世界的眼神写满漠然，他们抽离生活的心灵正在风干。这节课与其说他在引领学生写作，不如说他在引领学生寻找生命本真的状态，寻找生活丢失的美丽。他用诗意和真情唤起学生对世界的重新打量及对生命和生活的深度热爱。

以情观物，物皆有情。在肖老师引导下，教室的灯成了温柔羞涩的眼眸，校园的亭子会偷窥年华，操场边的台阶一直灵犀相通默默相伴。学生发现：原来，有情世界如此可爱！情感蕴藉，才有回味。在他启发下，学生明白：思家怀乡之情，不直言而炊烟懂，不明语而桂花谙。花猫会咀嚼守巢老人的孤单，锅铲会沉思炉灶的冷清。原来，一枝一叶总关情。

二、铺路搭桥的意识

有效的作文教学是基于学情的教学。王荣生教授说:“你提升学生的写作水平，就要找到一个点，这个点不是由你主观想象的，这需要分析学生的写作样本，分析他们的写作行为。”“咱们来说一说，你写的都是什么?”肖老师直接导入对话情境，给学生的写作情况问诊，寻找写作症结，确定教学起点。

当学生选材俗套、内容空泛时，肖老师就给他们架一座联想生活场景、激活情感体验的桥梁，铺一条能展开思维的轨道。“怎么想呢?我请靠窗边的老师把窗帘拉开。”“好久不见属于更多的我。跟着肖老师说话。树上蹲着一只鸟，它好久不见什么?”最后去掉支架，换题目写“我们又见”，提升后的学生让锅铲与锅的和鸣，升腾起灶火的温暖和家的味道，全场惊叹，众人绝倒!

三、主体实践的原则

邓彤老师说："写作的实践性特征要求写作教学不能单纯地介绍写作知识，而应该开展大量的活动，这些活动又必须是基于写作的关于写的活动。"这节课学生始终在肖老师"导而弗牵"的巧妙对话中进行"写什么"和"怎么写"的思维实践训练，充分体现了学生的主体地位和教师的主导作用。

他不做知识讲授者，而是做组织者，让学生自述作文内容并记录，引导学生在比较中自己总结问题，然后，提供给他们"还有哪些好久不见、好久不见属于更多的我、又见"三个思维的框架，让学生围绕其展开训练；他也做平等友好的对话参与者，用准确、简练、亲切的激励性评价语，鼓励学生热情参与，或捕捉学生思维特异点生成教学，或帮助重复表达、思维阻滞的学生转换思路，推进教学。

四、深入浅出的融合

肖老师“浅浅地教”的语文里总融含着丰厚的内容。这堂课，首先融合了写作内容和写作方法。学生思维不断展开，选材更广泛新鲜，内容更细腻感人，视角更新颖独特，主题更发人深省。不仅解决了写什么的问题，而且还总结出了怎么写的方法。其次融合了感性思维和理性思维的训练。树鸟虫鱼，亭台炊烟，感流逝的岁月、辜负的春光，叹相聚的欢笑短暂、守巢的孤单漫长。

当诗行在黑板上铺展，感喟在教室里起伏时，肖老师让孩子们用深情读出这个世界的美丽，用声音表达出对这个世界的呼唤！这些都是对学生感性思维的训练。

在挖掘写作内容时，引导学生拓宽“好久不见”的含义、原因、范围和视角，来进行思维突破训练；让学生自己比较和总结写作问题，分析和提炼写作方法。这些都是对学生理性思维的训练。

好久不见的《好久不见》，不仅给学生一个智慧的大脑和一支生花的妙笔，还给他们一颗敏感而饱满的诗心，诗意地唤起了学生对生命的感恩，对自然的凝望，对社会的关注，对世界的热爱。有爱才有生活，有学生才有课堂。固守生命和语文的本真，怀有对生活和对学生的热爱，我们才能像肖老师那样，带着学生和诗意与精彩不期而遇！

本文作者：李晓慧

悟　课　人

吉林省镇赉县第一中学　张淑香

海南省东方市铁路中学　吴小清

辽宁省沈阳市126中学　杨萍萍

河北省怀来县沙城第四中学　李晓慧

余党绪老师

《关于「道德绑架」的作文教学》

课堂实录与研究

《关于“道德绑架”的作文教学》课堂实录

【执教】上海师范大学附属中学　余党绪

【上课时间】2016 年 5 月

【上课地点】上海师范大学附属中学

师：同学们，这节作文课讨论的是一件刚发生的事情，发生在今年 5 月份。事情是这样的（PPT）——

2016 年 5 月 3 日，达州八旬老人李某坐动车到成都看病，因只买到达州到营山的座票，老人在南充站被所坐座位主人请了起来。老人的女儿想挤着坐被拒，之后一中年男子为老人让了座。老人女儿说：“年轻人应该多学学。”座位主人委屈回道：“坐自己位置错了吗？”

李胜红悟课：就写作而言，关注社会现实和关注我们自己的真实人生同样重要。余老师的写作课，视野开阔，不拘泥于校园之内，将眼光延伸至广阔而又无限精彩和复杂的现实社会。比如材料里所反映的，就是近年以来被社会各界广泛关注的公共议题：“让不让”。

师：这是一则社会新闻，发表在《华西都市报》上。大家听明白了吗？能够想象这个场景吗？事情并不复杂。我想直接问一个问题：这个小伙子说“坐自己的位子错了吗”，你认为他错了吗？

高洪生悟课：余老师以一则新闻材料导入，生动鲜活，比较接地气，能够吸引学生的注意力，引发学生的思考，使学生不知不觉就进入本课的学习中。这种导入方式较为轻松，也便于学生接受。

梁桂萍悟课：余老师选取的作文材料非常有现实的针对意义，在写作的同时能够引导学生关注社会、关注生活、反思自我。导入时借助材料中的问题，不堆砌华丽的辞藻，不故作高深的玄虚，根据课堂需要直接提问，不蔓不枝，既延续了学生在阅读时思维的连续性，又开门见山，不拖泥带水，一材多用，事半功倍。

胡晓晓悟课：余老师的导入语采用情景发问形式，直截了当，具有现实性，符合时评材料的原则。话题的现时性、时评材料的生活性，可以更直接地将学生带入课堂。

生：沉默。

师：沉默，是不是意味着他是对的？再来看材料，这位老人多大年龄？

生：八旬。

生：八旬老人，还有病。

师：年轻人不给这样的老人让座，问你们谁对谁错，你们却保持沉默？

李胜红悟课：语文课堂，“一言堂”的教师话语霸权，已经使语文课堂逐渐失去应有的活力。余老师的写作课，规避生硬的知识讲解，远离道德灌输。关注学生群体的客观存在，从一开始，就将学生置于“情景现场”，问题加对话，让学

生处于思维的紧张状态，有利于培养学生积极的思维习惯。

生：这个老人只买了到营山的座票，而年轻人自己掏钱买票，他坐的是自己的位子，从规则上讲，他不让座也没错；不过，从道德上讲，不给一个身患疾病的八旬老人让座，确实不太好。

师：好，你的判断里有两个非常重要的词——一个是“规则”，一个是“道德”。那么，从规则上讲，他没错；从道德上讲，面对一个生病的八旬老人，不但不让座，连挤着一起坐都不愿意，这就错了。对吧？

生：对。

师：那我刚才问“坐自己的位子错了吗”，你怎么不回答呢？

生：因为老人的女儿指责年轻人，说他“应该多学学”，这个有点怪。年轻人应该让座，但老人的女儿不该用这种“道德绑架”的方式，硬要别人让座。

师：先撇开这女儿，还是说这年轻人的对错吧？你的意思是，按道德，年轻人不给老人让座，是错的；按规则，年轻人坐自己的位子没错。那他到底是错还是没错？道德与规则难道是对立的吗？

高洪生悟课：余老师的这个转折转得很好，将看似漫无边际的讨论话题转到“道德与规则”的矛盾中，从而为下面的“道德绑架”这一核心话题铺平了道路。“随风潜入夜，润物细无声”，循循善诱，善于引导，不是直接把本课主题“道德绑架”强加给学生，而是在引导学生思考的同时，不断将话题引到本课的主题“道德绑架”上。

梁桂萍悟课：在问题讨论的过程中，先以一个角度为主，学生一旦偏离当前话题，余老师便适时将话题拉回，从一点出发，透彻理解问题产生的本质原因，而不是随意展开，杂乱无章。这样的师生对话才是真正从课堂教学出发，这样的讨论才是真正活跃课堂气氛的需要。

生：老师，我纠正一下，站在道德的角度看，年轻人其实也不能算错，只能说他道德境界不高。

师：也就是说，只是道德水准不高，谈不上缺“德”，谈不上不道德，是吧？那么，我再确认一下：小伙子坐自己的位子，没错，只是境界谈不上高尚。你是这个意思吗？那错的是谁?

生：老人的女儿错了。如果她跟人家协商，也许人家就让了。但她理直气壮地要人家让座，不让还要批评人家，这就不对了。

胡晓晓悟课：这个师生自由交流环节很好，起了深入思考的过渡作用，由“是否做错”开始深入引导发问，让学生畅所欲言，同时老师给予切实评价和引导，让学生的语言由口头随意性慢慢开始趋向书面词汇概括性，引出“道德”与“规则”的冲突，并且在师生思维碰撞过程中使学生语言日趋严谨，如探讨“道德对错”“道德水准不高”，这也是思辨类时评文章语言组织方面的一个要求。

师：你回答得很清楚。为了让大家更好地印证和反思自己的观点，我给大家提供一家网站做的统计，看看网友们的判断和态度。

李胜红悟课：语文的课堂，应该是表达的课堂，应该容得下学生思维的存在。且看余老师和学生的对话，与其说是对话，还不如说是“牵引”。在老师的合理“牵引”下，学生的思维更加积极，表达更显得顺畅。这样的写作课，似乎不是写作课，更像地位平等的两个友人在谈论着“是与非”。

师：问卷题目是：“拒和老人挤着坐遭指责，你怎么看？”这是一个单选项问卷。这里是统计数据：

A.“座位主人没做错，愿不愿挤着坐由他自己决定”，赞成的人数是5484，占50.9%；

B.“座位主人有点儿不近人情”，有298票，占2.8%；

C.“老人的女儿不该那样说话，有点道德绑架”，是4858票。

师：大家看看这些数据。注意，这是单选项。选A的网友显然更肯定年轻人的权利，选C的则更倾向于批评女儿。那么，我们可否由这些数据推断和总结出一些结论？

高洪生悟课：当学生指出“站在道德的角度看，年轻人其实也不能算错，只能说他道德境界不高”“老人的女儿错了”

时，余老师并没有站在传统道德的角度，否定学生的说法，而是拿出一家网站做的统计数据，以数据说话，指出了大部分人支持年轻人，不赞成老人的女儿的统计调查结果。这种实事求是，不以课堂话语权压人，重视数据分析，重视调查研究的风格，体现了一个学者型老师的严谨、客观、理性、科学的态度，这也是一名优秀老师应当有的治学态度和教学态度。

生：从A可看出，一半以上的人认为年轻人没错，既然承认年轻人没错，那么，这些人也不大会赞成老人的女儿。A与C相加占到了97.2%，这些人都认为女儿不妥。

师：按照逻辑，应该可以做这样的推断吧。如果确认年轻人有权不让座，那么，女儿也就没有理由去指责他。先插句话，对这位拒不让座、连挤一挤也不愿意的年轻人，我并不赞赏，如果他没有什么特殊的原因，比如身体欠佳，他的行为还是要受到质疑的。我估计很多人和我一样，谁能看着八旬老人颤巍巍地站在身边而无动于衷？不过，为什么认为女儿不妥的还是占了绝大多数呢？

梁桂萍悟课：学生因种种局限性，对很多问题的认识往往停留在片面绝对的层面上，余老师并不急于补充，而是在学生固有结论的基础上，展示调查数据，用真实的数字对学生的结论进行补充并顺势提出新的问题。这样的教学设计，让人颇有“山重水复疑无路，柳暗花明又一村”之感，真是妙不可言。

生：认为女儿不妥的，未必认为年轻人就是对的。

生：认为年轻人不妥的，也可能认为女儿是不妥的。

生：不让座不好，要人家给你让座更不好。

师：好，这是个理性的判断。要求别人让出本属于他自己的位子，这是问题的根源，对这样的行为大家似乎都不赞成。刚才她用了“道德绑架”这个词，我觉得这个词用得好。直白地说，比起不让座，“道德绑架”更让人生厌。那么，什么是“道德绑架”呢？我们就以这个事情为例，能不能告诉我你们的理解？

高洪生悟课：余老师在不断地铺垫引导中，终于引出了本课的主题“道德绑架”。他的教学过程是流畅的、自然的、少痕迹的，如果目的性太强，直奔主题，转折过于生硬，教学痕迹太重，都无异于填鸭灌输，在倡导“以学生为主体，以教师为主导”教学理念的今天，是与时相悖的。关于如何过渡、转折到教学重点上，余老师无疑给我们做了一个很好的示范。

胡晓晓悟课：余老师给学生的评价性语言中肯，肯定并赞扬学生的理性判断，引导其他学生进行理性思考。为了让学生对整个事件进行全方位的深入思考，他还提供了事件的调查问卷，从对时评作文材料的分析角度来看，他对调查问卷的展现本身就是一种全方位思辨，而且让学生能从问卷中了解事件的全貌，引出本课“道德绑架”这个核心词汇。

生：胁迫，要挟，以达到某种目的。

师：哦，这似乎是“绑架”的意思。绑架就是通过胁迫来达到自己的目的。我问的是“道德绑架”，那什么是“道德绑架”呢？

生：像绑架一样硬要把别人的道德标准拔高。

师：什么叫“把别人的道德标准拔高”？不太好理解。

生：本来这个青年人是个普通人，但人为地把道德标准拔高，然后再用这个标准要求这个年轻人；他没达到，就批评他，这就是“道德绑架”。

师：有点意思了，但还是不太清晰。“道德绑架”跟我们平常所说的“绑架”有什么相似之处？大家不妨想象一下“绑票”的情形……

生：绑票，就是以人的性命相威胁，要钱……

师：那个钱叫“赎金”。你不给我钱，我就要你的命；你想要命，就拿钱来。这是“绑票”。当然，“绑票”也可能有其他的企图，我们这里就以“钱”为例吧。要“钱”是目的，要“命”是手段。那么，“道德绑架”是怎么个“绑”法呢？比如在这个事例中……

生：目的是要人家的座位，座位是目的、手段……

师：对的，要别人让出位子，这是目的。那么，拿什么来要呢？“绑票”可是拿人命来“要挟”的。

生：如果你不让座的话，就说明你是个道德水准很低的人。你害怕人家说你道德水平低，只好让座了。

师：理解得非常好。这不就是拿道德来要挟人吗？你不满足我的要求，你就是不道德的，大家就要从道德上谴责你。这不就跟“绑架”相似吗？你们同意他的解释吗？

生：嗯。

师：好的。我们基本理解了“道德绑架”的含义。但我还要继续追问，明明是人家年轻人的位子，人家掏钱买的，你怎么就能拿道德要挟他呢？先假设一下，假设这个老人不是年已八旬，而是跟我差不多……

生：这不存在让不让的问题。

师：我再假设一下，假如这个年轻人也有病……

生：他也不需要让座。

师：知道我问这个问题的意图了吗？什么叫绑架？谁绑谁？拿什么绑？

生：老人的女儿绑架了年轻人。

师：拿什么绑？

生：她父亲的年龄。

生：还生病了。

师：为什么“高龄”与“生病”就能“绑架”年轻人？

生：年轻人不给老年人让座，人家才会说他不尊老，没有同情心。

师：对的。如果一个老年人不给另一个老年人让座，大家恐怕就无话可说了。一个老人，还是个病人，你不让座，你就是不尊老，就是没有同情心。你看，女儿也特别强调了这一点，她说“年轻人应该多学学”。她的潜台词是什么？

生：她的潜台词是，年轻人就应该给老人让座。你不让，你就是不道德。

生：她觉得，人家给她父亲让座是理所当然的。

师：那为什么？

生：因为要尊老爱幼啊。

师：这个我倒要问问，这不是传统美德吗？难道不该遵循吗？

生：应该遵循，但不能要求所有人都做到。而且，也不能强迫人家遵循。

师：说得好。道德不像法律，具有强迫性。扶危济困，助人为乐是传统美德，拿这个美德来衡量所有的人，容易出问题。你看，年轻人坐自己的位子，本来一切正常；按照助人为乐的要求，你就该主动让座。你没让座，就要受指责，那真是如坐针毡啊！再进一步设想，如果年轻人感到羞愧了，把位子给让了，他会不会产生道德荣耀感呢？

生：不会的，他还是会觉得委屈。

师：为什么还会委屈？

生：他是被迫的，让了心里也不舒服。

生：别人也不会感激他，觉得他是被迫的。

师：是啊，这不就尴尬了吗？什么叫绑架？关键是不顾当事人的主观意愿。其次，用较高的道德标准强求别人，特别是那些看起来最该践行这个德行的人。在这个事件中，年轻人体力好，身体健康，就成了被“绑架”的对象；换个场合，每个人都可能被绑架。

高洪生悟课：余老师在不停的追问之中，将学生对此事件和问题的思考引向了深入。学生在思考的同时，已经锻炼了多角度探究分析、独立自主表达等能力。理越辩越清，话越说越明。

梁桂萍悟课：“道德绑架”是本次写作的关键词，也是本节课的解读重点。余老师在此处下足了功夫，由“绑架”引申出“道德绑架”的实质所在。同时回扣材料，感性与理性相结合，学以致用，使学生充分理解这则材料中老人的女儿是如何“道德绑架”没有让座的年轻人的。在深入挖掘教学重点的过程中，既有感性的引导，又有理性的提升；既让学生畅所欲言，又不断追问，激发学生活跃的思维。

胡晓晓悟课：余老师采用的这种方式——师生之间有声同步对话，即老师发问一句，学生用明确的有声语言接说出下一句，这样的课堂问答对于学生而言意义颇大：一是让听讲的思维走在老师讲解的前面，可以让学生自主有效地集中课堂注意力。因为，注意力不集中者当然不可能接出老师可能要说的下句话，更不可能接出老师可能要说的更难、更关键的下句话。二是把听讲的超前思维通过声音、符号明确化出来，使抽象思维慢慢书面化、文字化。

李胜红悟课：余老师的本节写作课，充分调动学生自己的生命经验，引导学生在具体事例中，自己辨析“道德”“规则”，明白什么叫“道德绑架”。

师：刚才这位女士要求年轻人让座，是为了自己的父亲，说到底还是为了自身的利益，因此，大家容易达成共识，觉得她不对。但我要告诉大家，“道德绑架”远不只这么简单。这里，再给大家看个案例。请看第二则材料（PPT）：

广东省电白县有个18岁的青年，叫蔡某某，患了尿毒症，蔡家花了十多万元，负债累累。要彻底康复，蔡某某必须换肾，手术费用逾20万元。网友建议，找出买彩票中大奖的彩民，让他捐25万元挽救一条生命。巧的是电白县就有一位彩民中奖，且很高，1200多万元。于是，这些“好心人”戴着口罩和鸭舌帽，来到投注站，手拉“救救蔡某某吧！伸出援助之手，让18岁的生命延续”的求助横幅，呼吁刚中了1200多万元的大奖得主捐资救人。

师：他们搞那么大动静，人家到底捐，还是不捐？如果彩票得主不答应的话，你觉得人们会怎样议论他？

生：你得了1200万元，让你拿出25万元给人救命你都不肯！

生：你不劳而获得了一千多万，拿出一点救人一命，都不干！

师：这符不符合刚才的分析？第一，违背了当事人的意愿。不管你乐意不乐意，我们要你捐；你不捐，就给你戴帽子，你就是个见死不救的人。第二，绑架的理由：有钱人就该乐善好施，就该扶危济困。逼人家当慈善家，这不是要挟又是什么？

生：老师，我有点不同的意见。从中奖人自身的道德意识来说，如果他有良知，而且他也知道自己这些钱是不劳而获的话……

师：你的意思是，如果他不捐，就是没良知吗？那么，你直截了当地说，这个人该不该捐？

生：从规则上看，他没有这个义务，但从道德上……

师：按照规则他可以不捐；但依道德看，如果不捐，就是没有同情心，没有"良知"。你这是不是也有点"道德绑架"的意思？你又一次提到了规则与道德的关系问题。这是第二次出现，这是两个关键的概念。大家善于抓住核心概念，很好。我们先听听其他同学的意见。

生：我不同意他的观点。中彩票的钱也是光明正大的，凭什么一定要捐？

生：本来，人家要是主动捐挺好的；别人逼他捐，要是我，我就不捐了，反正也没有这个义务。就算捐了，大家也知道他是被迫的。

师：没有这个义务。好，人家还真是没有这个义务。大家发现材料中的一个细节没有？这些人要求中奖者捐款，为什么却要带着口罩与鸭舌帽呢？

生：其实，他们也知道这样做不合适吧。

师：是啊，虽然不是为了自己，但总是师出无名啊。让我们再看一则材料。

2015 年 8 月 12 日 23：30 左右，天津滨海新区东疆保税港区的瑞海物流发生爆炸事故。随后几日，明星大腕纷纷捐款救助，唯有中国首富马云迟迟没有动静。于是，众多网友开始给马云留言质问：为何不捐款？

面对众网友的“逼捐”，马云选择了沉默。不少理智的网友被马云微博的评论吓呆了！“为什么不给天津捐款？”“首富就应该捐一个亿！”“你捐了就等于我捐了！”“你不捐款，我再也不淘宝了！”

师：大家知道滨海新区的大火吧？我们来看看网友们是怎样要求马云捐款的。你看，“首富就应该捐一个亿”，直截了当提要求；“你捐了就等于我捐了”，这是什么逻辑？凭什么人家马云捐了就等于你捐了？你是马云什么人？还有，“你不捐款，我再也不淘宝了”，这简直就是赤裸裸的威胁啊，这已经不是道德绑架了，这是市场绑架。大家看，符不符合我们刚才讲的“道德绑架”的要件？他们估计，马云有钱，名声又那么大，一定害怕舆论的谴责，所以就利用了这一点，逼他捐款——“道德绑架”，就是用一根无形的绳索把你绑住——道德压力。道德主要通过什么来发挥作用？

生：舆论。

师：对，舆论压力，道德评价。人活在世上，谁不怕别人戳脊梁骨？绑架，就是不顾当事人的自由意志，你不答应，我们就从舆论上羞辱你、诋毁你、贬低你。我们假定本来马云是想捐的，被网友这么一弄，他捐还是不捐，倒真成了问题。捐，是迫于压力，并不能显示自己的诚意和慈善精神。道德绑架，对于被绑架的人，是很不公平的。

生：我认为在社会中，强者可以根据自己的善心、同情心自由地选择是否帮助别人，但别人不能因为他能力强，就要挟他一定要去帮助弱者。捐不捐款是马云的自由，不是他的义务。这混淆了义务……

师：捐款本来不是人家的分内之事，却强加在人家身上，这就是以义务的名义剥夺人家的自由选择。我们想想，一个企业家赚钱也不容易，他合法赚的钱，他当然有支配的自由。如果他为了声誉，为了扩大企业的影响，他捐钱他行善，那是他的自由，我们当然尊敬他；他不捐，社会也没有理由去贬低他。作为一个慈善家，当然可以获得更多的尊重；但作为一个公民，只要他遵守规则，遵守法律，他就不该受到贬低和责骂。你们赞同吗？

生：赞同。

师：再总结一下。道德绑架，是以道德代替规则，将道德评价凌驾于规则之上。法律与规则是每一个公民的行为底线，只要在底线之上，就不该受到谴责。按理说，人家合法，咱们就该闭嘴；但“道德绑架”的人不管你合不合法，先拿道德说事。另外，将自由选择的权利变成必须选择的义务，在义务面前，你还能选择吗？这就是借义务之名抹杀自由。

胡晓晓悟课：经过对“道德绑架”概念的探讨，学生在分析类似事件时已经可以用规范的词汇和方向去分析。课堂进行到这里，正如杜威提出的五步教学法“困难—问题—假设—论证—检验”，余老师从一开始的问题发问到探讨假设，现在又补充材料继续深入思考，是一个论证检验的过程。

李胜红悟课：引导学生关注社会公共议题，就要给予学生正确的价值导向。余老师本节写作课，聚焦时下热点话题。互联网便利了人们的日常生活，同时，也给我们的生活带来诸多困扰。现在的中小学生和青年学生，作为现在或者未来的网络主人，语文课堂是否应该考虑，积极引入批判性思维，培养学生客观、理性地观察社会现象，审慎地做出判断的能力。

师：我们看了三个“道德绑架”的事例。像这样“道德绑架”的事情毕竟不多。我觉得，作为一种心态，“道德绑架”更值得警惕。在日常生活中，这样的心态太普遍了。请看例子（PPT）。

1. 不孝有三，无后为大，爹抱不上孙子，死不瞑目啊！

2. 考这么点分，你对得起谁，妈要不是为了你，怎么成这个样子！

3. 够兄弟的，钱就借给我，一个月还，到时候卖血都还上！

4. 当个老师还那么在乎钱！

5. 帮我微信上投个票呗，不投不够哥们儿……

生：第一个例子，父亲逼儿子生孩子，要是儿子不愿意生呢？这不是违背儿子的意愿吗？但儿子不好拒绝，因为“不孝有三，无后为大”。你不生，就是不孝。

生：第二个例子，考得不好，有多种因素，不一定是不用功。这位妈妈把问题简单化了。

师：我对“当个老师还那么在乎钱”这句话很反感，但这说法很普遍。反问一句，老师为什么不能在乎钱？传统观念认为，知识分子不应该追求经济利益，但要注意，在现代社会，教师也有追求经济利益的权利，只要合规合法。但这句话却让知识分子不敢坦然面对经济利益，你一谈钱，似乎就俗了。

生：第五个例子。投还是不投？投，没时间，太烦琐；不投，就是不讲义气。这也是一种“绑架”。

师：我总结一下。“道德绑架”违背了人的自由意志，以道德代替规则，以义务抹杀选择。大家知道，法律具有强制性，而道德更多地依赖于人的自觉。我们做好事，如果是被迫的，表面看是道德的，但实际上与道德没啥关系。打个比方，奴隶们辛勤干活，他们的勤劳是不是一种美德呢？显然不是，因为他们没有选择权。在奴隶主的皮鞭下，他不拼死干活就被打死了。所以，赞美奴隶的勤劳是没有意义的。

换句话说，发自内心的善才是真正的善，自觉自愿的道德才是真正的道德。因此，哪怕人家做的事情在道德上并不高尚，但只要他没有违法，那么，咱们就不能横加指责。我特别要说明的是，我们反对“道德绑架”，并不是说，咱们可以在道德上放松对自己的要求，可以冷漠自私，对别人的苦难漠不关心。这不是我的意思。我的意思是，无论是自己，还是他人，道德都应该与自由联系在一起。每个人都应追求自己在道德上的完善，但我们没有权利拿道德来“绑架”别人。我相信，绑架出来的道德，也是靠不住的。

高洪生悟课：余老师画龙点睛，总结从几个事例分析中得出的结论，使这节分析研讨课有个很完美的结果。在同学们分析的基础上，他明确提出反对“道德绑架”，并补充论点：“无论是自己，还是他人，道德都应该与自由联系在一起。”这一闪耀着智慧光辉和人文关怀的核心论点，极大地提升了整堂课的思想性，对于学生的思想启迪有一个质的飞跃。

梁桂萍悟课：余老师早在他的《议论文写作新战略》中强调：在阅读写作中要有“多元视角”“在深刻中追求全面”“用辩证的眼光，学会一分为二”看问题。学会用联系的、一分为二的、发展的眼光看问题，是现代高中生写作中亟待解决的问题，也是教学中必须增强的意识。他从一则材料入手，由课堂初始阶段简单的是非问答，衍生出最后的辩证分析，整个过程游刃有余，看似随意，实则用心。在培养学生辩证思维的过程中，又潜移默化地进行了道德教育。“立德树人”是高中语文课标中明确要求的核心素养，是语文教学的根本任务。

胡晓晓悟课：在对“道德绑架”这个原理进行解释总结过程中，余老师采用的是“范例教学”，一开始引入“道德绑架”概念时用典型事物阐明事物的本质特征，在掌握“道德绑架”规律和内涵后，再通过具体材料的分析对获得的认识进一步探究，得出规律性的一般认识。

李胜红悟课：不能忘记，我们为什么而出发。强调对话和思辨，并不是任由学生胡思乱想，放任学生的思维随意驰骋。回到教学原点，明确教学的最初约定，重温激烈而丰厚的对话和思辨的过程，才会促成一节课的最终生成，学生的内心才会有所沉淀。本节写作课，余老师循循善诱，不失时机地追问，导引学生自己思辨出“道德绑架”的课堂立意，师生双方自始至终活跃在课堂立意里。

师：最后，我们请大家运用刚才讲的原理，分析下面这个材料。

8月5日播出的《中国梦想秀》中，来自贵州的“追梦人”杨某某，梦想是让失散多年的妹妹认回双亲，一起拍张全家福。杨某某的妹妹张某小时候被父母送给别人，知道真相后不愿接受生父生母。张某在现场一直拒绝和亲生父母相认。不料，节目主持人周立波当场指责女孩心胸狭隘，说她应学会原谅，否则永远不会幸福，还说出了“在你儿子眼里你是个尖酸狭隘的女人”的言论。

师：周立波的这些话，你赞同不赞同？

生：不赞同。

师：为什么？

生：周立波站在自己的角度要求张某放下偏见，不顾她的感受，这就是“强迫”。

生：还有“你应该学会原谅，否则永远不会幸福”。

生：这不光是要挟，简直是诅咒。张某是成年人，她有自己的选择权。

师：但对方是母亲啊。

生：虽然是母亲，但她生她却没有养她，之间还是有隔阂的。

师：我同意大家的判断。不管怎么样，血浓于水，母亲还是应该认的。不过，不能像周立波所希望的那样，马上、迅速，不管人家的心态如何，一定要认，要当面认。作为一个旁观者，你不能强求人家。我补充一下，后来张某也解释，她现场没认母亲，第一，是怕伤了养父母的心，怕他们心理上受不了；第二，她和父母之间还有隔阂，他们当年把她遗弃了，她心里一时还转不过弯来。周立波为什么就不能给人家一点时间呢？再进一步，人家即使不认，也是人家的自由，咱们外人也无话可说。逼人家，说什么尖酸狭隘，这是不是有点绑架的意思，诸位？

师：好，今天的讨论到此为止。最后我们一起来诵读康德的这段话——

唯有自由的人才能自主自觉地而不是被迫地行善；唯有自主自觉的行为，才有道德价值，被迫做出的事情，既不是善，也不是恶。

胡晓晓悟课：学以致用，巩固夯实本节课所学，余老师在课堂最后再次抛出一事例让学生进行思维碰撞交流，整节课在师生对话的教学方式中，迅速、准确、漂亮、有创意地抛出问题和解决问题。这不仅可以启发全体听讲学生，也常常启发了老师本人，这会让自己获得学生认真听讲的喜悦感、兴奋感、成就感。

名师简介

余党绪，文学硕士，上海市特级教师，现任上海师范大学附属中学副校长，2007—2009年徐汇区学科带头人。曾获得“申银万国奖教金”一等奖、上海师大先进工作者、上海市“园丁奖”等称号。积极探索“研究性学习”实施渠道，本着稳健积极的原则，开设研究性课程，他开设的“人文探究”课程、“统整式语文课程改革”，取得了丰硕的成果。

过程层层剥笋，结果水到渠成

余老师的作文课例《道德绑架》，通过对几个事例的分析探讨，阐明了道德绑架的表现、本质及危害性。教学过程层层剥笋，逐步引导学生深入思考，教学结果水到渠成。本节课体现了以“学生为主体，教师为主导”的教学理念。其特点主要有以下几个方面。

一、精心准备教学素材，提供详实材料依据

“如果将金蔷薇比作一篇优秀的文章，那么，金粉就是结构文章的素材和对素材的情感灌注。”作文不能没有好的素材，而作文教学也是一样，需要好的素材作为论据支撑。

让事实说话，让数据说话，而不是老师把论点强塞给学生。余老师的这节作文课选取各种材料共 7 项，其中报纸新闻 1 项，调查数据 1 项，事件材料 2 项，言论材料 1 项，电视材料 1 项，名人名言 1 项。种类繁多，论据充分，可以看出他在课前花了很大的功夫。大量的教学素材，既使课堂更加鲜活生动，又开阔了学生视野，激发了学生参与研讨的兴趣。

一节好课是辛勤的汗水浇灌出来的，也是大量材料“烘托”出来的。这些材料包括新闻事件、成语故事、历史典故、作家生平、名人名言、名句名篇、奇闻逸事、科技前沿、统计数据、诗词歌赋、文学文化常识等内容。只要是对教学有利，充满正能量，具有教育因素，都可以拿来用。有了大量的材料，加上精心的组织，还愁讲不好课吗？

二、尊重学生表达意愿，引导学生深入思考

余老师在这节课中，并没有直接把“道德绑架”这个话题直接抛出来，而是引导学生去思考材料，充分地发言讨论，让学生自己去寻找这节课学习的主题和目标。在老师的激发下，大家的好胜心、好奇心、表达欲望被调动起来，在接下

来的整个教学过程中，学生们全程参与讨论探究，充分表达了自己对事件的看法和观点。

“学生发言的过程是厘清思路、升华思想的过程；学生讨论的过程是学生思想碰撞、相互评价批判的过程。”一个人唱“独角戏”的课堂是悲哀的，教师如果只是灌输，学生只是接受,那么“教育就变成了一种存储行为,学生是保管人,教师是储户。教师不是去交流，而是发表公报，让学生耐心地接受、记忆和重复存储材料”。“灯不拨不亮，理不辨不明”，只有让学生充分活动起来，敢于亮出观点，说出看法，课堂师生智慧的火花才能闪耀，课堂的生成性、创造性才能凸显，学生的主体地位才能体现出来，教育的真正目标才能达成。

三、突出课堂学习主题，万变不离教学目标

余老师在这节作文课中使用了 7 项材料，整个过程都在组织学生对材料进行讨论，环环相扣，主题突出，紧紧围绕“道德绑架”层层展开，体现了“形散神聚”的特点。

课堂评估的重要内容,除了看教学目标的设计是否明确，是否符合学生的实际需要，还要看教学过程设计和教学活动

是否完整、紧凑、科学，学生是否在教学过程和教学活动中实现了既定的学习目标。不少老师在教学中，看似兴致高涨，旁征博引，材料丰富，天马行空、课堂活跃，却游离了课堂学习的主题，游离了课堂教学目标。没有体现出教学行为的有效性，浪费了一定的时间，分散了学生的注意力，没有达到应有的课堂效果，教学过程精彩点评，结尾升华教学效果。

“在课堂教学中，如果教师能及时地、适度地做出评价，就能够保持和激励学生学习的积极性；如果能在评价中启发、点拨学生，就能有效地训练学生的思维能力和语言能力。”余老师在引导的过程中，对学生发言有不少点评，如“你的判断里有两个非常重要的词”“你回答得很清楚”“这是个理性的判断”“有点意思了，但还是不太清晰”“理解得非常好”等肯定鼓励的语言，也有积极的应答词“好的”“对的”“是啊”。这些点评不流于形式，不空泛单调，而是结合实际，具有特色，流露出对学生的认可、肯定、赞赏的真挚感情，这就进一步增强了学生参与讨论的信心，激发了学生勇于表达自我观点的热情。

余老师《道德绑架》一课最精彩的部分，我认为还是结尾处的总结。他深刻地指出了道德绑架“违背了人的自由意志，以道德代替规则，以义务抹杀选择”的真实本质。同时，他将之上升到“自由”这一人类永恒的主题上，“无论是自己，还是他人，道德都应该与自由联系在一起。每个人都应追求自己在道德上的完善，但我们没有权利拿道德来‘绑架’别人”。

本文作者：高洪生

“理”字当头著华章

议论文作文教学是当前很多语文老师颇感头疼的事，方法模式教了不少，精彩片段也积累了不少，但学生真正动手写起来，往往还是漏洞百出。

写出来的文章或者立意偏颇，认识肤浅；或者罗列事例，非叙非议；或者东拉西扯，结构凌乱；或者语言枯燥，读之无味。

学完余老师的这堂作文教学实录课，有一点感受尤为深刻，希望在以后的教学实践中能学以致用，在议论文教学方面能有大的提升。

余老师这节课给我的启示是：在议论文教学中“理”是第一要素。

一、理性判断

要学会对材料做出理性判断，尤其是议论文论点的得出一定要慎重。不能只凭感觉或常识下结论。鲁迅先生说：“从来如此，便对么。”材料中的年轻人不给年老多病的老人让座，这是生活中并不罕见的现象，由此引发的争端和讨论也时有发生。余老师根据学生特点，首先提出一个看似最简单的是非疑问“你认为他错了吗”之后，依据学生所答适当点拨，一开始便引导学生从法律和道德两个层面去分析年轻人的做法，“按道德，年轻人不给老人让座，是错的；按规则，年轻人坐自己的位子没错”。这样文章的立论就会相对客观理性，不至于使写作成为个人主观情绪宣泄的途径。论点是议论文的眼睛，必须让学生学会谨慎地下结论，唯其如此，才不至于在写文章时刚刚开头，便注定了以失败告终。

二、理性挖掘

材料反映的是现象，是问题。如何让学生能够深入挖掘出问题产生的根源，是教学中最该解决的问题，也是训练学生养成深入思考习惯的迫切需要。余老师的课堂教学重点，也放在了深入探究问题产生的根源上。围绕材料不做表面的空谈，是非对错已经明确。那么对的依据是什么？错的原因又在哪？

法律上讲可以不让座，道德上又受到谴责，一再探究后终于明了，原来这样两难的问题正是“道德绑架”造成的。“道德绑架”一词是分析材料的关键所在，也是整节课的重点难点。为什么“道德绑架”使年轻人处境尴尬？为什么“道德绑架”使老人的女儿理直气壮？它的实质又是什么？一层层剥离出来，从一次普通的让座引发人们对社会上形形色色“道德绑架”的思考，学生通过思考，不但知其然，而且知其所以然。这样写出文章来，必然比单一停留在是与非的争辩上要深刻许多。

三、理性分析

议论文的主体部分是论证分析。很明显，余老师在教学过程中没有模式化地照搬照用，而是巧妙地以问题的形式引导探究分析。“你认为他错了吗？那错的是谁？可否由这些数据推断和总结出一些结论？为什么认为女儿不妥的还是占了大多数？什么是‘道德绑架’呢？道德主要通过什么来发挥作用？”将问题逐一梳理出来，就可以很清楚地看到，他通过连贯的问题设置，本节课教学的重点是分析“为什么”，而这也往往是议论文写作的重点。

分析问题是大多数议论文论证的重点。所谓万变不离其宗，所有的形式都是为内容服务的。余老师自己也主张写文章要“基于生命与文化，针对过程与方法”。一则小材料反映的是某个人或某些人的做法，但透彻分析后会发现它折射的其实是社会上普遍存在的问题。面对问题理性分析原因，找出合理的解决办法，这才是我们写作训练的目的所在。余老师在这方面给我们做了很好的范例，不去一味强调方法的重要性而将其自然融入教学过程中。同时，他将理性分析的过程设计成问题的形式,“促进了学生思考,提高了思维水平”。

四、理性思辨

感性具有感染力，理性才有思辨力。而议论文写作，正是要培养学生在观察问题和分析问题时，用联系和发展的眼光，在对立统一中进行思考。

余老师在教学过程中非常注重辩证地分析问题。例如，对这位拒不让座、连挤一挤也不愿意的年轻人，我并不赞赏，如果他没有什么特殊的原因，比如身体欠佳，他的行为还是要受到质疑的。

我估计很多人和我一样，谁能看着八旬老人颤巍巍地站在身边而无动于衷？在深入挖掘的过程中，他时时兼顾全面的分析，尤其是最后的总结归纳，更是明确表达：虽然我们反对强行的“道德绑架”，但更呼唤个人应追求更完善的道德，做有道德的自由人。

关于辩证的思想，我们的高考作文也越来越关注考查学生在论证过程中的思辨能力。余老师的这堂课让我们“于无声处听惊雷”，让我们学会了如何紧扣考纲展开教学。

余老师的议论文教学以“理”贯通，以“理”服人，以“理”育人。这样的作文教学，真是岂一个“好”字了得！

本文作者：梁桂萍

万里无云万里天，看似随意实有心

“语文，是写给生活的情书。”看到这样对语文学科下定义的句子，不禁内心为之触动。余老师倡导“思辨读写”，而这种观念智慧也是从头至尾贯穿在其课堂中，接下来从本节课堂实录的观学出发谈谈关于作文思辨教学的一点感受。

一、教学思想——思辨启发式

纵观近些年来作文考查内容会发现其广度有所延伸，灵活度、开放性明显增强，考查方式亦是越来越灵活，与此对应的对学生思辨能力的考查越来越强，对现实的映照越来越强，我们会发现作文材料现实感越来越强，不管是时事性材料还是寓言性、漫画性材料，这类作文都对现实有一定的映射意义。而余老师整节课的作文教学思想，就是立足思维提升，强化思维语言和书面性语言。

在此过程中，由于学生思维认知规律，需要一个量变到质变的过程，而余老师在作文教学中遵循这样的发展规律。高中生在观察能力上一般强于初中生，所以，当他们观察的形象思维累积一定的数量后他们的抽象逻辑思维日益占优势，所以其言语表达逻辑会发展迅速，言语概括性明显提高，逻辑越来越严谨。之后他们会实现形象思维、抽象思维之间的来回转换，对意象的超脱使得他们会进而发展出创新思维，发散思维和思辨思维。所以，一开始余老师让他们从简单的问题入手思考，继而紧追深入发问，通过多则材料的共性解析，得出“道德绑架”的概念。

作文教学中，当我们面对学生作文水平较低而一味进行知识讲解、例题分析时，其实忽略了其根源应是思维能力的缺失。“与其他学科相比，语文学科在思维素质的培养上负有更重要的责任。这是因为思维主要凭借语言，一个人的思维素质总是具体表现为语言水平上的思维素质，在各门学科中，语文学科既教学生学习语言，又教学生学习思维；在语言和思维相结合的训练中，既发展学生的语言，又发展学生的思维。”

除此以外，余老师在教学中一个很重要的点，就是把看似很大很深的东西通过一个小的切入点逐渐启发，深入浅出，引导学生获得。而我们平时训练除了作文写作之外，更好的训练方式即课前演讲、课堂探讨、小话题、小论文等方法，但不管是进行演讲探讨也好，话题论文也好，一定注意切入点不要太广，太大，要小切入，大视野，深思考，理辨析。

二、教学过程——对话交流式

纵观整节课我们会发现，余老师的课采用问题抛出讨论式，看似随意，但实际这是一种很重要的教学过程。可以称之为师生之间的对话交流式，而对于时评材料的分析，个人认为恰好适合这种形式。

“接话”式听课就是在老师讲课的同时，承接着老师说话。老师讲上句，学生主动、积极、全力地去接下句话。但是，一方面，有些老师习惯于“满堂灌”式地长时间地讲解，在讲解中从来不提问或者很少提问，如果学生总是静静地听讲的话，就极容易走神，听讲效率就会大打折扣；另一方面，有些老师习惯于在自己讲课的过程中，采用稍加停顿或面向全体学生“群问”而非“单个问”的方式，如果学生自己不集中注意力，从来不参与或很少参与“群答”的话，听课效率也会大打折扣。在这样的常规课堂上，主动参与“接话”式听讲就显得很必要。如果学生在这样的课堂上从不张嘴或者很少张嘴配合听讲的话，就白白丧失了许多提高自己的机会，很容易成为这门学科上的差生。

余老师整节课采取的就是师生互接互答的方式，老师抛出问题，学生进行思想火花的碰撞，大家一起解决一个“道德绑架”的共性问题。发问后的学生接话，既不影响老师讲课，也不影响其他学生听讲。事实上，不少老师很乐于听到学生的即时呼应。对老师而言，来自学生听讲时的积极反馈是一种很享受的教学感受。当然，那些从不或很少“接话”的学生，就自我放弃了许多优化思维的机会。

统观整节课的师生对话，我们会发现课堂在这种互答的形式中层层深入，课堂节奏也越来越紧凑，看似随意谈话式的一节课，实际上调动了学生的思维，让学生自主有效地开动思考力。因为不主动思考者，不让自己的听讲思维走在老师讲解思维前面者，当然无法预测老师可能要讲的下句话。

这种“接话”式听课，也可以让学生自主有效地产生学习的成就感。迅速、准确、漂亮、有创意地接出了老师的下句话，尤其是相当有难度的下句话，不仅可以启发全体听讲学生，也常常启发了老师本人，这会让自己很有听讲的喜悦感、兴奋感、成就感。

三、教学模式——范例式五步教学

从教学模式来看，余老师的作文教学是一种范例教学和“困难—问题—假设—论证—检验”五步教学模式的结合。

范例教学由“让不让座”的个案出发，继而引发出“道德”“规则”话题，在此基础上拓展延伸更多材料，将个案背后的本质问题普遍化，这是这节课的一个思路，具体操纵中则是问题分析解决式（按照“提出问题——分析问题——解决问题”的思路安排论证结构）深入。

余老师举重若轻地向我们阐述了激发学生思维的重要方法。我坚信文字之美是优雅的“美”，而作文习作是领略其“美”的不二法门，唯愿我们在教学道路上守正笃实，砥砺前行，深入发掘，相信披浪而行终将“直挂云帆济沧海”。

本文作者：胡晓晓

思辨，追求有温度的获得感

思辨能力就是借助分析、推理、判断等思维活动，对主客观对象的情况、类别、事理等进行辨别分析。余老师认为，中学语文写作教学领域，急需引入批判性思维，原因是“新的写作理念则认为，写作是一种精神活动，关涉价值和理念；写作是一种认知活动，关涉实践与思维；写作是一种创造活动，关涉智能与素养”，以及近年高考写作命题侧重考查学生的理性色彩和思辨倾向。

中学语文教育的根本任务，不仅仅是满足学生对语文基础知识和基本技能的掌握，更重要的是，余老师认为，公民是人基本的社会身份，中小学教育的首要任务，便是培养适应现代社会生活的公民。所以，今天的语文教育还担负着培养符合现代民主社会要求的现代公民的艰巨使命。

《以道德代替规则，借义务压制自由》，是余老师关于“道德绑架”的作文教学课例。通过研读本课例，我深刻感受到余老师写作课的魅力和个性特质。

一、写作教学内容的选择，呼应重大关切和社会伦理

在本课例中，写作材料的选择考量，直指时下之“痛”：扶不扶？让不让？救不救？养不养？信不信？使得写作课堂与社会生活零距离！在余老师的课例中，围绕“道德绑架”的课堂立意，他以“年轻人拒绝让座”的社会新闻切入，引出写作课探讨的主题“道德绑架”，辅以两则与之相关的材料（强捐和逼捐），师生双方就材料本身展开探讨、质疑和对话，通过引导，鼓励学生展开对材料中所反映的问题进行深刻思辨，以此获得对“道德绑架”实质特征的认识。

然后，引导学生利用对“道德绑架”的认识，再次分析一则关于著名节目主持人强迫嘉宾认母的材料，以此来检验

和训练学生对此类社会现象的认知能力。最后，回到写作教学的原点，从认知到个性表达。写作训练材料的选择，也体现着本节课的立意。

在写作提示中，余老师即时引导学生，思辨写作训练材料是否与本课例“道德绑架”有关，提示学生注意区分道德与规则。整节作文课，材料选择关注社会生活，能够最大限度地积累学生的个体生命经验，通过引导学生阅读思辨阅读材料，从而潜移默化地影响学生的情感世界。

二、教学过程有力度、有厚度，思辨的锋芒溢于课堂

余老师认为，“批评性思维与理性思辨，就是不盲从、不盲信，保持怀疑与质证，非经自己独立思考和判断不做结论”。在他的阅读教学和写作教学系列课例上，课堂问题设计本身就充满思辨的味道。比如在《沙威，沙威》的课例中，他设计的关键问题是，让学生选出“谁是你‘中意’的恶人”。问题本身就要求学生，不光要十分熟悉文本内容，更重要的是充分利用批判性思维，展开与文本对话，在对话中达成理

解、反思与断言，以此获得清晰的理解和理性的评价。余老师思辨读写的个性色彩，同样在这堂写作课例中无处不在。整节写作课，基于问题本身的追问，老师步步紧逼，学生紧张思辨，寻找出口，进一步激活了学生的思维。

师生双方的问答思辨，争锋相对，没有越位和替代。比如，在引入第一则“年轻人拒绝让座”的材料后，针对材料中，年轻人说的话“坐自己位置错了吗”的问题，随即询问学生“你认为他错了吗”，开门见山，引导质疑，问题附身。“你认为”是对学生的主体性思考、判断的有力关照。

当学生沉默不语时，他又再度提醒学生回归材料本身，回到情境“现场”，引导学生自己从材料中发现拒绝让座背后的实质，就是如何看待“道德”和“规则”。当学生说出年轻人在规则上没错，在道德上错误时，他又不失时机地给出下一阶段的思辨问题：道德与规则难道是对立的吗？引导学生阅读调查问卷和强捐、逼捐的材料，就“道德”与“规则”、“义务”与“自由”展开思辨，使得学生充分认识“道德绑架”的实际危害，明确“道德绑架”的实质，就是以道德代替规则，将道德评价凌驾于规则之上。

三、情感价值观塑造，通过思辨自己完成

时下，把语文课上成政治课或者历史课的现象时有发生，故而学生的日常口语表达和写作，空洞的说教和口号化的语言大量存在。真正有效的情感价值观塑造，靠的是人类优秀的文化经典的润泽，靠的是民主平等和谐的良好社会氛围的影响。

我们究竟应该给予学生怎样的语文课，才能够使得学生从情感深处有真正的获得感。余老师的语文课堂，时刻关注学生的本体存在，学生的思维运转是课堂的最根本动力；关注学生的公民意识和道德自律意识的培养和达成，现代公民意识和道德自律意识是形成民主社会公共判断力的最基本元素。

易中天先生说，中国社会的公共判断力：问态度不问事实，问动机不问是非，问亲疏不问道理。余老师对此总结为：混淆情怀与规则，混淆私域与公共，并将他的这一思考渗透在这堂作文教学课中。

在本节写作课例中，选取相互关联的四则材料，共同表现为公共舆论形成的一种强迫行为——“道德绑架”。从探讨该不该“让”，就将学生置身于“情景现场”和“思辨现场”，对话和问题设计时刻关注对学生情感价值观的引领。

我们来看几个关键节点的问题设计和对话：第一处，当学生回答，从道德的角度年轻人的行为只是“境界不高”时，余老师顺着学生的思路，又追问“那错的是谁？”在“是与非”的问题上，要追问到底！不能给学生一个模棱两可的结果。

第二处，当学生说出“不让座不好，要人家给你让座更不好”时，他又马上给出“这是个理性的判断”，认为学生找到了“问题的根源”，及时给予学生肯定和表扬。

第三处，思辨“逼捐马云”的材料，他说：“作为一个公民，只要他遵守规则，遵守法律，他就不该受到贬低和责骂。”接着，又总结了“道德绑架，就是以道德代替规则，将道德评价凌驾于规则之上”，并指出“作为一种心态，‘道德绑架’更值得警惕”，不失时机，及时有效地给予学生公民教育。

研习余老师的相关课例，带给我们不一样的语文课程观：语文不只有阅读教学，还有写作教学；语文不只有“整体感悟”，“思辨在场”才是语文课堂充满灵气和蓬勃之气的最重要动因。让我们共同努力，营造一个“多元、理性、温和”的教育氛围，我们将会存在于“多元、理性、温和”的社会。

本文作者：李胜红

悟 课 人

安徽省亳州市第一中学　高洪生

山东省德州市平原县第一中学　梁桂萍

河南宏力学校　胡晓晓

甘肃省陇南市武都城关中学　李胜红

后　记

这本书来源于董一菲诗意语文工作室的“诗意成长”栏目。当初设计这个栏目的初衷，是想以组织教研活动的形式鼓励老师们品悟名师课例，学习名师的教学艺术，研究他们的教学主张，从而提升自己的教学智慧。栏目一经推出，便受到一菲老师的鼓励和老师们的欢迎。随后，一菲老师和西苑出版社有了出版诗意语文工作室系列丛书的动意，而我则有幸担任本书主编。

很多老师都有成长的渴望，他们教学、读书、写作、研究、向名师学习，吸取他人的优点，总结自己的经验。这其中，向名师学习无疑是一条便捷的道路。但我们向名师学的是什么呢？似乎很多老师在听完名师的课后感叹：名师是学不来的，只能欣赏，无法复制。因为，这些名师无不是经过多年读书的积累、写作的沉淀、教学的琢磨、大赛的锤炼而成就的，他们的技艺精湛、思想深刻、艺术纯熟，非普通教师所能简单仿照的。如果抱着模仿的态度去学习，那方向就偏了。模仿只是学习的一个阶段，更多的学习是教学方法的使用、文本解读的角度、教育教学的理念、教学艺术的内涵。只有学到了名师的“神”，才能超越自己的“形”，从而使自己的课具备“高颜值”。基于这样的认识，本书的定位就是感悟研究名师的代表课例，老师集体悟课，在感悟中提高认识，总结教法教艺，提升自身的教学智慧。

本书选择了当今中语界有影响的12位名师，分别是董一菲、连中国、曹勇军、任玲、张玉新、王君、邓彤、丁卫军、肖培东、黄厚江、尤立增、余党绪，他们的课例产生了较大影响，值得我们去细品，去研究。这些名师的13个课例，涵盖初中和高中，涉及古诗词、文言文、散文、小说、传记、作文多种文体，满足老师们各种文体教学的学习。当然，限于篇幅，还有诸多名师的诸多课例无法收录，造成的遗憾希望以后再有机会弥补。

因为是名师课例的研究，所以本书除了收录名师的课堂实录之外，还有来自全国各地的老师们对这些课例进行研究后所写的感悟性文字。这些文字分为两部分，第一部分是悟课片段，即在观课悟课过程中所写的观课笔记，字数不多，呈片段式，为了便于读者直观感受，穿插在实录的正文部分。这些细碎的文字，注重课例细节的品读和感悟，犹如放大镜一般，将细腻的感受放大，类似于读书时的批注，呈现在读者面前。

第二部分则是悟课总结，即观课悟课完成后，进一步理性思考，形成对课例的总体感受，进行理论或方法或教学艺术方面的总结，从而进一步提升对名师课例的认识。相比较而言，这部分文字更理性、更宏观、更具理论化，更接近名师的教学思想，注重由“这一课”联系到“这一类”，由名家代表作看名家教学艺术，从名师带给我们的启示看我们该如何教学。无论是课堂实录还是观课感受，都扣住“温度”一词。“温度”不仅关照名师的教学方法、教学主张，更注重对文本独特的理解，例如文字的、文章的、文化的、情感的、人性的；观课者的语言雅致有深度，有诗意之美和思想之深。

参与写作的教师来自全国各地，又同为董一菲诗意语文工作室成员。他们积极报名，组成悟课小组，读书观课，研讨交流，利用寒假认真写作，几易其稿，其态度之严谨、工作之负责，令我极为敬佩！

四位美女副主编，她们本身工作繁忙、家务繁重，是学校的骨干、家庭的支柱，同时还承担着诗意语文工作室各个栏目的工作，车坤老师是“朗读者”栏目负责人，董亚君老师是“教师专栏”编辑，张艳艳老师是“高考前沿”栏目负责人，付超老师是执行主编，她们同时还是本书的作者，负责本书的组稿和校对工作。正是有了她们，本书才得以顺利完成。我为结识了这些姐妹而高兴！

在此感谢一菲师父的信任和肯定，是她和“诗意语文”为我打开了教育教学的又一扇门，让我从一条狭窄的小路走上了宽广的大道，让我结识了一群可爱、认真、负责、有追求的语文人，从此不再孤军奋战，从此相互激励，走向远方！

刘　亚

2018 年 2 月